区域云计算和大数据产业发展

浙江样板

俞东进　编著

cloud computing Big Data

ZHEJIANG UNIVERSITY PRESS
浙江大学出版社

图书在版编目（CIP）数据

区域云计算和大数据产业发展:浙江样板 / 俞东进编著. —杭州：浙江大学出版社，2018. 4
ISBN 978-7-308-18015-3

Ⅰ.①区… Ⅱ.①俞… Ⅲ.①云计算—高技术产业—产业发展—研究—浙江 Ⅳ.①F492.3

中国版本图书馆 CIP 数据核字（2018）第 038064 号

区域云计算和大数据产业发展:浙江样板

俞东进　编著

责任编辑	张凌静(zlj@zju.edu.cn)
责任校对	陈　园　袁菁鸿
封面设计	周　灵
出版发行	浙江大学出版社
	（杭州市天目山路 148 号　邮政编码 310007）
	（网址:http://www.zjupress.com）
排　　版	杭州中大图文设计有限公司
印　　刷	绍兴市越生彩印有限公司
开　　本	710mm×1000mm　1/16
印　　张	13
字　　数	255 千
版 印 次	2018 年 4 月第 1 版　2018 年 4 月第 1 次印刷
书　　号	ISBN 978-7-308-18015-3
定　　价	58.00 元

序

当前,以云计算、大数据等为代表的新一代信息技术快速发展,对经济发展、社会治理、人民生活产生了重大影响。云计算经过近10年的演进,已从概念导入进入广泛应用、形成新兴产业的阶段,成为提升信息化发展水平、打造数字经济新动能的重要支撑。而随着移动互联网、物联网技术等的普遍应用,全球数据量呈爆发式增长,大数据技术与应用的作用日益显著,大数据已成为我国国家战略。

作为全国首个建设信息经济示范区的省份,浙江在区域云计算和大数据产业发展方面具有先发优势。"云上浙江""数据强省",是互联网时代浙江发展的新坐标、新特色。浙江孕育了世界互联网巨头阿里巴巴,也集聚了一批以云计算和大数据为支撑的新一代IT领军企业,在推动云计算和大数据产业培育发展和示范应用、加快完善数字基础设施、推进数据资源整合和开放共享、保障数据安全等方面,一直走在全国前列。应用为先、跨界融合、模式创新,已成为浙江数字经济特别是云计算和大数据产业发展的显著特点。梳理浙江在云计算和大数据产业发展的主要经验、特征和规律,对于国内其他地区加快发展数字经济具有重要的指导作用。

近年来,杭州电子科技大学俞东进教授等人实地考察了包括阿里巴巴、网易、华为、海康威视在内的100余家浙江省知名信息科技企业,积累了丰富的第一手资料。同时,通过承担10余个国家、省、市各级政府部门委托的云计算、大数据、信息安全、电子政务等领域的政策研究、行业分析、产业规划等软课题,取得了一批最新研究成果。作为该团队近年研究工作的结晶,《区域云计算和大数据产业发展:浙江样板》一书,不但梳理了浙江省云计算、大数据产业发展的现状和趋势，提出了产业布局、发展路径和相关政策建议，而且深入探讨了云计算和大数据融合创新的发展思路、电子政务云平台构建、云服务企业认定、云服务绩效评估等影响云计算、大数据产业健康有序发展的若干关键问题及其机理。同时，该书围绕数据中心、智慧城市、商业智能、大数据视频和大数据安全等若干重要领域，介绍了浙江省云计算和大数据相关典型产品、服务和应用案例，数据详实，资料丰富。

该书把国家战略与浙江实践有机结合，具有时代性、创新性与应用性结合的特色。相信本书的出版，无论对于云计算、大数据产业的理论研究和实践应用，还是通过浙江样板了解我国实施网络强国战略和大数据战略的区域推进路径，都提供了可供借鉴的重要参考。

是为序。

浙江省信息化发展研究中心主任　　陈畴镛

中国产业互联网（浙江）研究院院长

前　言

近年来,以云计算、大数据为主的新一代信息技术迅猛发展。与此同时,以创新、跨界、共享、融合等为主要特征的新经济模式不断涌现。作为全国信息经济发达省份之一的浙江省,在区域云计算和大数据产业发展方面具有鲜明特色。梳理浙江省在云计算和大数据产业发展方面的主要特征,对于国内其他地区加快发展信息经济具有重要指导作用。

近5年来,本书作者团队实地考察了包括阿里巴巴、网易、华为、海康威视在内的100余家知名信息科技企业,积累了丰富的第一手资料。同时,通过承担10余个国家、省、市各级政府部门委托的云计算、大数据、信息安全、电子政务等领域的政策研究、行业分析、产业规划等软课题,取得了一批最新研究成果。上述调研材料和研究成果构成了本书的主要基础。

本文以浙江省为样板,试图深度剖析区域云计算和大数据的产业特点、关键问题和发展路线,分为上、下两篇。其中,上篇围绕浙江省云计算和大数据产业的主要特征、发展路线和市场监管等方面展开。首先梳理了浙江省云计算、大数据产业发展的现状和趋势,然后在此基础上提出了主要存在问题和相关政策建议,以及具体的产业布局和发展路线设想,接着深入探讨并分析了云计算和大数据创新融合发展思路、电子政务云平台构建、云服务企业认定方案、云服务绩效评估方案等影响云计算、大数据产业健康有序发展的若干关键问题。下篇选择了具有代表性的数据中心、智慧城市、商业智能、大数据视频和大数据安全等若干领域,介绍了上述领域中浙江省云计算和大数据典型产品、服务和应用,相关原始材料主要来自于各企业。附录介绍了什么是云计算和大数据,云计算和大数据国内外发展现状和趋势,浙江省云计算和大数据发展大事记,等等。与以往类似书籍不同,本书阐述了很多社会各界热议但尚未给出具体方法的若干重要主题的解决方案,例如云计算和大数据的关系、云服务企业如何界定等等,操作性较强，以期为相关产业政策研究人士提供一个全新的研究视角。

本书编写人员包括：杭州电子科技大学俞东进教授主要负责第 1 章（浙江省云计算产业概述）、第 2 章（浙江省大数据产业概述）、第 3 章（以大数据应用为契机推动区域云计算产业创新发展）和第 4 章（浙江省云计算和大数据产业布局和发展路线）的编写工作，袁友伟教授主要负责第 5 章（云服务企业认定方案）的编写工作，吴锋副教授主要负责第 6 章（云服务企业运营绩效评估方案）和第 7 章（区域电子政务云公共平台发展模式）的编写工作，杭州市云计算与大数据协会副理事长兼秘书长应春生高级经济师、副秘书长李林高级工程师和杭州电子科技大学张海平副教授主要负责下篇的编写工作，杭州电子科技大学王娇娇主要负责附录的编写工作。全书由俞东进教授负责审定、张海平副教授和王娇娇负责文字校对。

本书是国家社会科学基金重大项目"我国实施网络强国战略及其推进机制研究"（15ZDC023）、"互联网融合产业经济理论与政策研究"（17ZDA054）的阶段性成果，也是响应建设浙江省信息产业联盟行动、深入探究浙江省云计算和大数据产业发展的重要成果之一。其成稿过程得到了浙江省经济和信息化委员会、浙江省科学技术厅、杭州市经济和信息化委员会、浙江省杭电智慧城市研究中心、浙江省信息化与经济社会发展研究中心等相关项目的大力支持，得到了相关专家的悉心指导和相关企业的积极配合。同时，通过互联网搜索等方式，本书也引用了一部分可公开获得的相关统计数据和研究报告等材料。另外，杭州电子科技大学徐哲教授、徐明教授等在共同参加部分软课题研究过程中，提出了许多与本书有关的有益观点；杭州电子科技大学王琳、侯文杰等研究生参加了本书的材料收集、整理工作。在此对成书过程作出贡献的各机构、个人一并表示诚挚的感谢。

本书的读者对象为有志于研究新一代 IT 产业，特别是从事云计算和大数据产业发展政策研究的政府信息化主管领导、云计算和大数据企业从业人员以及高校、研究单位中研究产业政策的专家学者。

本书汇集了研究团队近年来在区域云计算和大数据产业方面的最新成果。由于时间和水平的限制，可能存在不足，真诚欢迎各界人士批评指正。

杭州电子科技大学　俞东进[①]

2017 年 12 月 31 日

---

① 作者的邮箱地址：yudj@hdu.edu.cn。

目　录

下篇　浙江省云计算和大数据产品、服务和应用

上篇

浙江省云计算和大数据
产业透视和研究

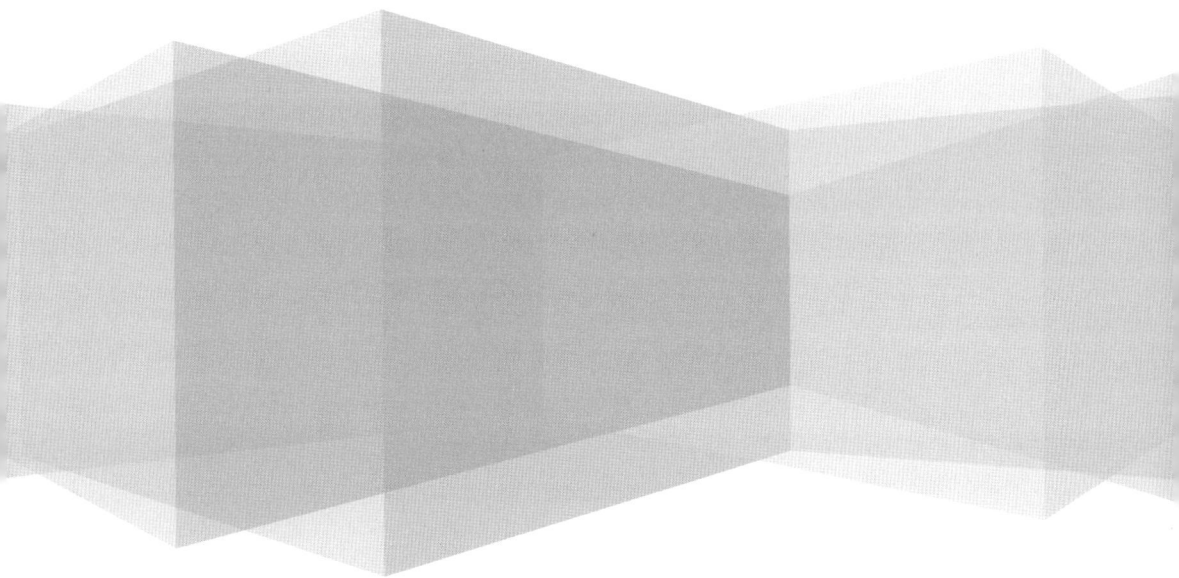

0 引 言

近年来,在"互联网＋"纵深发展的当下,浙江省适时提出了"云上浙江""数据强省"等发展战略。2016 年 3 月,《浙江省促进大数据发展实施计划》发布,提出要把浙江打造成全国大数据产业中心;4 月,浙江省电子商务大数据公共服务平台上线;5 月 31 日,杭州成立国内首家工业大数据产业联盟,开通中国首个工业大数据应用和交易平台;9 月 26 日,浙江省内唯一经省政府批准的大数据交易中心——浙江大数据交易中心在乌镇正式上线,并迎来了首批数据服务交易。迈入 2017 年,年初公布的《浙江省政府工作报告》中,明确提出利用云计算提高企业发展的动能和竞争力、促进经济转型升级、打造全国云计算产业中心、建设国家信息经济示范区和国家"两化"深度融合示范区是浙江省经济社会发展的重要战略目标;3 月,在杭州萧山举办了浙江省云计算大数据产业推进大会;4 月,由浙江省企业信息化促进会牵头组建的"企业上云服务联盟"正式对外宣布成立,强力助推浙江省"十万企业上云"行动落地。

当今,云计算、大数据正在成为一种新经济发展潮流,其重要性日益凸显。本书试图以浙江省为例,剖析区域云计算和大数据产业发展的全貌。其中,上篇主要介绍浙江省云计算和大数据产业的主要特征、发展路线和市场监管等;下篇主要介绍浙江省云计算和大数据典型产品、服务和应用,以期为相关产业政策研究人士提供一个全新的研究视角。

1 浙江省云计算产业概述

1.1 浙江省云计算产业发展现状和趋势

当前,随着政府的积极引导和企业的大力推进,云计算产业在浙江省发展迅速,应用特色鲜明。

1)云计算相关产业整体发展迅速。2010 年 10 月,杭州市被国家发改委和工信部列入全国先行开展云计算创新发展试点示范工作的城市之一。阿里云的电子商务云开放平台和华数传媒的面向三网融合的媒体云综合运营系统这两个国家云计算示范工程项目进展顺利,得到了国家发改委和工信部的高度评价。智慧城市、电子政务、行业信息化等一些领域展开了卓有成效的云计算服务应用实践,且范围正在逐步扩大。

2)云计算平台服务业全国领先。浙江省拥有全国第一家专门定位于云计算平台服务的阿里云计算公司,其研制的"飞天"大规模分布式计算系统是国内首个单集群规模达到 5000 台服务器的通用计算平台。华数集团建立了全国最大的数字化节目内容媒体资源库,成为全国互动电视领域的内容和服务中心。全国第一家利用云计算技术服务电子商务产业的公共服务平台——西湖云计算公共服务平台,已正式在杭州市落地启用。华通云的电子政务云平台通过 IT 基础资源的按需分配和应用整合实现电子政务的统一建设和运维。

3)SaaS(软件即服务)应用成为行业云计算实践的重点领域。近年来,浙江省信息服务业发展较快,从传统服务模式向 SaaS 模式迁移,为一大批信息服务业企业增强服务能力、创新服务模式提供了契机。典型案例有:同花顺通过云端技术,为投资者提供股票行情分析、移动终端炒股等互联网金融信息服务;信雅达的移动金融云通过新型智能终端设备,可提供第三方移动金融支付服务和理财服务;海康威视的安防云服务平台基于先进的视频处理分析技术和云存储技术,可向家庭和个人提供集视频监控、安防报警为一体的民用安全防护服务;税友集团的税务云可向各类纳税人和税务组织提供各类网上涉税服务和涉税咨询评估服务;等等。

4)各级政府积极引导云计算产业发展。浙江省政府高度重视云计算技术在带动全省信息产业格局整体变革方面的重要作用。《浙江省电子信息产业"十三五"发展规划》将发展云计算作为浙江省"十三五"电子信息产业发展的主要任务之一。杭州市提出了"适度发展、合理布局"的互联网数据中心建设规划的总体原则。宁波市提出了政府主导、市场参与的电子政务云建设和服务模式。舟山市则将海洋云建设作为其推动海洋电子信息产业实现跨越式发展的重要契机。

5)云计算应用需求旺盛,产业基础较好。浙江省信息化发展指数为95.89,位居上海、北京之后,已连续多年排名全国第三,各省区第一。2016年,浙江省实现软件业务收入3602亿元,列全国第六,同比增长18.6%,高出全国增速3.7百分点,增速在全国规模前十省市中居第二位。杭州市是国家软件产业基地、国家集成电路设计产业化基地、国家电子信息产业基地、国家动画产业基地和中国电子商务之都,2013年软件和信息技术服务业城市竞争力指数全国排名第五。宁波市围绕经济转型、城市管理、民生服务等主题,通过打造十大智慧应用体系,着力建设一批智慧城市应用系统,智慧城市建设总体水平居全国领先位置。此外,浙江省行业信息化应用特色明显,尤其在金融信息化、安防监控信息化、教育信息化等领域,产业规模和应用水平都位居全国前列。

6)宽带基础设施条件较好。截至2015年年底,浙江省互联网省际出口带宽达到17.50 Tbps。第三代移动通信网络建设加快推进,无线局域网实现浙江省主要公共场所全覆盖,LTE试验网建设取得阶段性成果。城市基本具备10 Mbps宽带入户的接入能力,农村行政村实现村村通宽带。有线电视数字化和双向化改造工程快速推进,浙江省广播电视有线网络"一省一网"整合发展工作基本完成,数字电视整体转换率达到90.7%。

1.2　浙江省云计算产业发展的主要问题

浙江省云计算发展总体仍处于起步阶段,面临亟待解决的各种问题。

1)互联网数据中心建设加速推进,节能减排面临较大挑战。据统计,中国电信、中国联通、中国移动、杭州华数已在全省各地累计建有 2 万个左右的机架,现有电能使用效率(power usage effectiveness,PUE)值普遍高于 2.0,每年测算消耗电量大约 20 亿千瓦时,正在规划建设的机房面积达 20 万平方米。随着浙江省互联网数据中心规模总量持续扩张,环境、资源与发展的矛盾将会比较突出,建设发展互联网数据中心将面临较大压力。

2)有利于云计算务实创新发展的体制机制尚未理顺,社会认知度有待提高。受部门利益驱使等因素的影响,部分地区对信息服务外包业务认识不清,支持不足,推动和倡导用户购买和使用云计算服务的相关政策环境并未形成,"重建设、轻应用"和"重建设、轻运维"的现象时有发生。

3)云计算法律法规和安全标准体系建设滞后,云计算人才严重缺乏。对云计算相关的数据安全以及个人信息和商业敏感数据保护手段研究不足,相关法律法规、标准建设和体制机制创新明显滞后于浙江省较为发达的互联网应用的实际需求。同时,掌握云计算关键核心技术的高级技术人才和既熟悉云计算技术又熟悉商业模式创新的复合型人才匮乏。

4)云计算市场尚不够规范,监管力度相对薄弱。部分地方政府缺乏对发展云计算的科学、合理规划,脱离实际应用和地方资源禀赋特征,盲目建设大型云计算中心。部分企业通过炒作云计算概念"打乱仗"和"打混仗",借机兜售自己昂贵的软硬件产品或争取政府的资金扶持,基于云服务的客户群体利益无法得到保障。

5)产业需求与机会巨大,但标志性云计算产业成功案例数量不多。虽然云计算产业需求巨大,但真正运用云计算核心技术的典型产品(服务)还比较少。另一方面,虽然浙江省已经拥有了一些云计算资源,但是业态模式创新不多,还未能找到实现云计算核心价值的普遍途径。

6)云计算关键技术研发不足,拥有核心知识产权和原始创新较少。对于服务器和桌面虚拟化、云主机和云终端、绿色节能、云安全等云计算关键技术的研发相对比较薄弱。相较于北京、上海、广东等地,平台即服务(PaaS)层研发尤为不足,关键技术和设备受制于国外厂商的现象更为突出。

1.3 推进浙江省云计算产业
创新发展的政策建议

通过对浙江省云计算发展现状和存在问题的分析,借鉴国外和国内其他省份发展云计算产业经验,提出如下建议。

1.3.1   多方携手,共同促进云数据中心合理发展和优化布局

云数据中心的优化布局是一个复杂的系统工程。除了气候因素、能源因素、网络因素和政策因素之外,其他因素有时也会产生很大的影响。但是总体来讲,在中国经济发展的重要转型期,云数据中心的布局还是要以能源、气候、政策为主要考虑依据,在布局方向明确的前提下,建立相应的监管体系。具体提出如下几点建议。

1.3.1.1   能源导向与气候导向相结合

浙江省总体上说是个能源稀缺的地区,各地市的气温相差不大,所以在能源和气候条件下选址没有什么界限。在气温方面,可以考虑把数据中心建在山区,山区的气温要比城市的低,而且山区的地价比较低廉。在能源方面,浙江省有丰富的水利资源,可以利用这个优势,提倡水冷技术,从而降低数据中心的能源效率 PUE。

1.3.1.2   政策引导与市场驱动相结合

云数据中心是数据中心的发展方向,根据用户对象的不同,云数据中心可以分为面向公众提供服务的商业化云数据中心,以及面向政府电子政务应用的政务云数据中心。一般来讲,商业化云数据中心布局应该尊重市场的选择,政府加以政策引导。如在有条件的地区,利用财政、税收等政策吸引相关企业落地,不仅有利于云计算中心的发展,还有利于当地经济的繁荣。对于政务云数据中心的建设,政府更应该以身作则,在布局方面发挥引导作用。

1.3.1.3   政策扶持与市场监管相结合

云数据中心作为新兴产业形态,政府应该有明确的扶持政策,如建立财政专项保证资金,支持条件适宜地区发展数据中心产业。在投资审批上,严格把关超大型和小微型数据中心建设审批,特别是不符合国家能源战略的投资要慎重审批。在新技术新业务试点地区选择上,应优先考虑在山区和水利资源丰富的地区试点,支持绿色数据中心关键技术的国产化和自主化,在财政上给予重点倾斜,并在试点上给予政策上的优惠。

云数据中心产业监管体系需要进一步完善并得到强化。以法律法规作为监管依据和基础，以事前的准入许可、事中的可管可控、事后的追根溯源作为监管的指导方针。

1.3.2 以云计算服务为核心带动云计算产业发展，重点扶持和发展社会化公共云计算服务

国务院印发《关于促进云计算创新发展培育信息产业新业态的意见》（国发〔2015〕5号），为促进创业兴业、释放创新活力提供有力支持，为经济社会持续健康发展注入新的动力，并明确提出，政府部门要加大采购云计算服务的力度，出台政府和重要行业采购使用云计算服务的相关规定，完善政府采购云计算服务的配套政策。

2013年7月，国务院总理李克强主持召开国务院常务会议，研究推进政府向社会力量购买公共服务，部署加强城市基础设施建设。政府采购模式和习惯发生了巨大转变。

坚持以服务带动产业的发展，以应用牵引技术的创新，优先发展社会化公众云计算的服务。针对各个层面的用户和中小企业的需求，大力发展公众云服务；建立云计算重点项目库，积极争取国家专项资金；整合省内专项资金，省、市、区（县）联手，充分发挥财政资金投入"四两拨千斤"的作用；优先支持云计算相关产业、应用示范工程、云计算公共服务平台等重点项目的研发和产业化。

鼓励阿里云等龙头企业提升集成创新能力，加快建设云计算服务平台，推动阿里云等平台走向国际，直接参与国际竞争。同时，由云计算整体实力强的重点企业牵头，联合省内外产业链上下游企业与相关高校和科研院所，联合组建云计算产业联盟，推动云计算创新发展。

1.3.3 构建适应云计算发展的制度环境

加强网络数据安全、个人隐私保护、知识产权保护、数据跨境流动等方面的法律法规环境建设，并建立合理的行业管理制度；从企业层面积极改革企业管理流程和组织架构，加快云计算的引入和采用。在国家颁布法律前，浙江省可以根据具体情况，在云计算相关法规建设方面进行探索，具体有如下几个方面。

1）云计算环境下的个人隐私权保护问题，不能仅仅依靠业界自律，必须加强相关立法。

2）云计算环境下知识产权保护方面，技术和意识形态的突破必将引起法律体制的变革，为最大限度地保护云计算所涉及的知识产权，应根据云计算的特性对目前相关法规加以适当修改，以适应时代对法制的要求。

3）在涉及国家安全的云计算数据保护方面，需要加大相应的保护力度。结合浙江省云计算的发展现状，从企业准入、资本准入、市场准入、基础设施准入等方面研究如何构建安全可靠的云计算服务技术及监管体系。

1.3.4　大力培育和引进云计算高端复合型人才

云计算产业支撑学科数量多，涵盖计算机、软件、管理、经济等多个学科。一支高素质、复合型的人才队伍对浙江省云计算产业的发展至关重要。具体包括如下几个方面。

1）完善人才培育和引进政策，创造人才培育和引进的良好环境。

2）探索人才租赁、团队引进等多样形式，拓宽人才引进渠道。

3）支持企业与高等院校、科研院所、培训咨询机构合作，对云计算技术研发、市场推广、服务咨询等方面的人才进行岗位培训与职业教育。

4）严格落实关于高级人才的各项优惠和奖励政策，在创新创业启动资金、住房优惠、医疗保健、子女入学、配偶就业等方面继续创造富有竞争力的条件，为高层次人才来浙江创业创新营造良好的工作和生活环境。

2 浙江省大数据产业概述

2.1 浙江省大数据产业发展现状分析

2.1.1 大数据成为行业热点,IT 企业抢滩布局大数据业务

浙江省拥有一大批全国知名的 IT 企业,近年来已在电子商务、行业信息化等诸多领域走在全国同行的前列。为顺应大数据时代潮流,各大优势 IT 企业紧紧抓住发展机遇,积极谋划大数据业务布局,实现产品、服务模式等方面的转型升级。杭州泰一指尚科技有限公司利用其在传统广告服务行业的市场优势,实时推出大数据营销平台,可实现包括新闻、论坛、博客、微博、平媒、视频、QQ 群在内的各类型互联网信息载体的全网监测,为企业提供品牌监测、产品监测、竞争对手监测等信息监测服务;杭州华三通信技术有限公司研制的数据中心交换机采用网络虚拟化技术,通过网络设备资源池化,充分满足数据中心、高性能计算等网络突发流量的要求;浙江鸿程计算机系统有限公司基于公司原有在数据仓库技术及电信业务方面的积累,构建面向电信业务的大数据管理系统及数据分析平台,通过对电信日志数据的整合分析,提供精准广告、行业咨询等大数据服务;浙大网新承接的杭州智慧城管项目基于大数据平台,实现基础数据跨部门整合,为智慧城管的业务系统提供高质量的数据服务与支撑环境。

2.1.2　各级政府紧抓大数据发展机遇、顺势而为,积极推进相关产业发展

浙江省政府为加快推进浙江省信息资源的整合开放和大数据产业发展,于2015年11月成立了浙江省数据管理中心。该中心是为了强化大数据建设发展顶层设计而成立的机构,将拟订并组织实施大数据发展规划和政策措施;研究制定数据资源采集、应用、共享等标准规范;统筹推进大数据基础设施建设、管理;组织协调大数据资源归集整合、共享开放,推进大数据应用;组织协调大数据信息安全保障体系建设。浙江省政府成立大数据发展领导小组,负责大数据发展的政策制定、相关整合工作、数据开放共享等顶层设计。在政策措施和产业导向方面,浙江省各地出台了一系列有利于大数据发展的指导性意见,并将大数据列为优先发展领域之一。

2014年4月发布的《浙江省人民政府关于建设信息化和工业化深度融合国家示范区的实施意见》(浙政发〔2014〕18号)提出"加强大数据、云计算、业务操作系统软件和各类智能终端的重大技术攻关"。2014年5月发布的《浙江省人民政府关于加快发展信息经济的指导意见》(浙政发〔2014〕21号)提出通过5年的努力,基本建成全国大数据产业中心,使得全省公共事务、社会管理、电子商务、金融服务等领域大数据挖掘分析技术、服务模式和应用成效全国领先,建成国内商用大数据营运中心,成为信息资源开发利用大省。2016年3月,浙江省人民政府出台了《浙江省促进大数据发展实施计划》,把打造全国大数据产业中心作为发展信息经济的重要目标,大力推动大数据发展和运用,信息基础设施建设国内领先,依托"四张清单一张网"的政府信息资源整合利用和共享开放初见成效,在全国率先推出政府数据统一开放平台,云计算、大数据产业具有较强的市场优势和发展潜力。2017年3月,浙江省云计算大数据推进大会顺利召开,并且发布了《浙江省大数据产业地图》,涵盖了基础架构、数据分析、数据应用、产学研合作、培训与服务5大板块,33个细分领域,337家浙江省内大数据企业,是浙江省大数据产业的首次框架式展现,也是"数据浙江"产业生态的全景呈现。

2013年6月发布的《关于进一步加快信息化建设推进信息产业发展的实施意见》(市委〔2013〕6号)提出将加大对云计算、大数据等为代表的新一代信息技术和重点领域的研发和推广应用力度作为"软件产业壮大工程"的主要内容。杭州市在2014年3月发布的《关于加快促进信息消费扩大内需的实施意见》(杭政办函〔2014〕45号)明确提出打造云计算服务平台、推进大数据开发利用、加快信

息消费服务平台构建。2014 年 7 月,杭州市委十一届七次全会审议通过的《关于加快发展信息经济的若干意见》提出建设全国云计算和大数据产业中心,培育若干个在全国有示范意义的大数据、云工程和云服务的商业模式,形成全国领先、在大数据技术研发和应用方面具有突出能力、产业推进效果显著的运营服务和协同创新体系。2014 年 8 月宁波市发布的《关于推进工业稳增长调结构促发展的若干意见》(甬党发〔2014〕14 号)提出积极推广应用大数据、云服务技术,以提升宁波制造自动化、智能化整体水平,以及加大面向重点行业开展的移动互联网、云计算、大数据、物联网等领域智能化集成化软件技术研发,以加快推进战略性新兴产业和高新技术产业发展。宁波市于 2016 年 10 月发布了《关于推进大数据发展的实施意见》(甬政发〔2016〕92 号),该文件提出到2020 年,建成国家城市大数据综合示范应用城市,将宁波打造成为未来国家级大数据创业创新中心和城市大数据产业基地,成为立足国内、辐射全球的大数据创新要素有机组成部分,为全市智能经济等新经济发展提供重要支撑。2017 年 4 月,杭州市云计算与大数据协会发布了《杭州市云计算与大数据产品和服务目录》。

2.1.3 大数据应用与云计算技术紧密结合,实现 IT 产业协同创新发展

当前,作为浙江省优先培育的战略性新兴产业的重要内容之一,云计算已成为企业业务模式与管理模式创新、公共服务平台技术创新、社会信息化资源管理优化的重要途径。云计算技术,特别是其中的计算虚拟化技术、海量云存储技术等为大数据应用提供了很好的基础性技术解决框架,例如 OpenStack 平台、Hadoop MapReduce 分布式计算框架、GreenPlum 分布式存储系统等。事实上,浙江省各地大数据应用基本上都架构在云计算平台之上,大数据应用与云计算技术紧密结合已成为浙江省大数据应用发展的主要特征之一。阿里云计算有限公司作为国内第一家专门定位于云计算平台服务的企业,也是首批云计算示范企业之一,致力于打造公共、开放的云计算服务平台,推出了具有代表意义的"聚石塔"大数据平台。此外,专注于金融云业务的恒生电子、专注于银行管理信息化的信雅达、专注于安防监控云建设的海康威视分别推出了各自的大数据平台。

2.1.4 互联网经济蓬勃发展,推动电子商务大数据应用创新

浙江省互联网经济发达。2016 年 11 月,浙江省设立的国家信息经济示范区正式启动,杭州国家级互联网骨干直联点获得批准,成为全国首个国家信息经济示范区。由国家互联网信息办公室、省政府共同主办的首届世界互联网大会已于 2014 年 11 月在桐乡乌镇召开,同时确定世界互联网大会将永久落户于乌镇。杭州市是全国电子商务之都、中国电子商务中心,拥有一批全国乃至全球知名的互联网企业,互联网经济无论从规模还是从影响力来说都处于全国第一方阵。全省互联网经济的蓬勃发展,电子商务行为数据的快速、海量增长,为基于大数据的商业智能(business intelligence,BI)应用创造了很好的条件,并由此衍生了一批创新的面向互联网领域的大数据智能分析处理服务模式。2012 年 7月,天猫与阿里云、万网宣布联合推出聚石塔平台,率先以云计算为“塔基”,为天猫、淘宝平台上的电商及电商服务商提供 IT 基础设施和数据云服务。据统计,对于天猫平台中的商家,目前 80%以上的数据需求是对消费者购买行为作出分析,比如点击量、跨店铺点击等,订单流转量,甚至旺旺聊天信息的收集和分析等,都将成为商家关心的数据。此外,阿里金融的小贷业务也是一项典型的大数据成功应用,该项应用综合淘宝上产生的信用记录、成交数据等结构化数据,以及用户评论等非结构化数据,再加上用电量、银行信贷等外部采集的数据,可以精准决策是否放贷和放贷额度,从而可大大降低贷款不良率。

2.1.5 智能终端日益普及,移动大数据应用快速发展

智能终端既是大数据的来源端,也是大数据的消费端。移动支付、移动社交、移动广告、手机游戏、手机阅读等移动互联网应用面向海量用户群体,对于大规模数据存储、高性能计算和系统高可扩展性提出了新的挑战,同时移动互联网应用的蓬勃发展也在很大程度上提升了大数据的研究水平和应用深度。移动互联网研发和应用在杭州日益普及,手机淘宝已经是中国最受欢迎的移动 APP 之一,阿里巴巴完成的无线交易额占同期中国无线交易总额的 76.6%,有效带动了大数据应用的蓬勃发展。在移动大数据领域的其他典型案例还有:杭州快智科技有限公司的快的打车软件,通过对用户打车习惯、打车路径等海量数据的分析,叠加智能化的地图服务、生活信息服务等内容,从而增加客户黏度;遥指科技

推出的手机大数据推荐引擎系统 iRecom，可支持手机阅读、资讯、视频、音乐、游戏、定向广告、社交网络、电子商务等各领域的个性化推荐服务；杭州安存网络科技有限公司联合电信运营商、阿里云计算、公证机构共同推出安存语录，可提供基于大数据的一站式手机语音数据保全公证解决方案。

2.1.6　行业大数据应用开始起步，推动传统信息化转型升级

大数据应用正在逐步向零售业、银行业、公共事业、智能社区等传统行业拓展。农夫山泉股份有限公司使用 SAP HANA 高效数据分析功能，可实现实时的数据复制与同步，从而使得管理层所作出的分析及市场反应能够更及时准确，并减少错误的发生。恒生聚源数据服务有限公司以金融证券资讯服务为核心，数据内容涵盖股票、基金、债券、金融衍生品、期货、港股、宏观、行业、公告、资讯、新闻法规、海外经济数据等，可为企业、金融机构和消费者提供财经信息服务。信雅达系统工程股份有限公司推出了金融云平台和一系列云终端产品、大数据平台产品，用户可以通过金融云终端设备进行卡对卡的实时收付操作，与现有的通过第三方支付机构实现线上转账的收付方式相比，更灵活、更安全。

2.1.7　各类大数据会议轮番举行，大数据概念深入人心

2016 年，由杭州市政府、阿里巴巴集团等举办，在杭州云栖小镇举行的"云栖大会"是国内最大的云计算、大数据领域的峰会，前身是阿里云开发者大会。2013 年 10 月 14 日，由中国民营科技促进会、杭州市人民政府主办，赛迪网、中国科技与信息产业周组委会承办的"中国科技和信息产业周之云计算与大数据峰会"在浙江世贸君澜大饭店举行。峰会提出通过云和大数据的融合，让大体量的计算资源得以充分应用于城市智慧化等领域，同时重构产业价值链创新业务模式。2013 年 11 月 29 日，以"迈入视频大数据时代"为主题的"智慧安防高峰论坛"在杭州海外海国际会议展览中心举行。在此次论坛上，中国视频大数据技术联盟宣告成立。2014 年 3 月 18 日上午在杭州举行"杭州论坛"报告会，邀请中国工程院常务副院长潘云鹤做题为"中国的智能城市和城市大数据"的主题报告。

2.1.8 数据中心建设加快进行,资源约束与发展的矛盾比较突出

大数据的主要特征之一是聚合在一起可供分析的数据量非常庞大,一般达到 PB 级甚至更大的数据规模。数据中心是大数据应用的重要基础设施,承载了大数据存储、交换和分析等大数据应用的核心功能。为顺应大数据业务的迅猛发展,特别是为了满足阿里、腾讯等互联网企业在浙江省的业务发展需求,各地、各企业建设数据中心的热情高涨。据不完全统计,中国电信、中国联通、中国移动、杭州华数已在杭州市累计建有 1 万个以上的机架。但是,各个数据中心的电能使用效率(PUE)值普遍高于 2.0。随着浙江省互联网数据中心规模总量持续扩张,环境、资源与发展的矛盾将会日益突出,建设发展互联网数据中心将面临较大压力。

2.1.9 数据孤岛现象比较严重,公共信息资源公开程度有待提高

杭州市已建成全市政务信息资源共享和交换基础平台,制定了关于政务信息资源共享目录、分类和接口标准等一系列的标准和规定,实现了跨部门的电子政务应用。但是,全省各地大部分公共信息资源分散于各个单位和部门,并不对外有效公开,严重制约了城市管理和社会服务水平的提高。

2.1.10 大数据产业总体规模较小,缺少一批示范效应明显的领头企业

受制于数据规模和技术水平,全省大数据相关企业普遍规模较小,大部分企业仅涉足于提供细分领域的数据加工处理服务,盈利模式不够清晰,尚未能找到实现大数据核心价值的普遍途径。

2.1.11 大数据概念火热,但形成完整产业链尚需时日

2016 年,浙江省,特别是杭州市大数据产业链雏形已经初显,围绕大数据的产生与集聚、组织与管理、分析与发现、应用与服务各层级正在加速构建。企业

对于进军云计算、大数据产业热情高涨，但本地企业受限于 IT 产业链所处的位置，普遍在数据库、数据仓库、商业智能等领域基础薄弱，因此，在大数据上布局不可能像跨国企业那样全面。但相对强势的本地互联网企业、电信运营商、电信设备供应商已经开始启动产业布局，以互联网应用服务为切入点抢占大数据制高点。目前，阿里巴巴正利用大数据技术提供阿里信用贷款、淘宝数据魔方服务。不少企业在使用大数据技术和应用模式过程中还仅仅停留在规划阶段，甚至某些企业只是通过炒作大数据概念对已有产品（服务）进行包装。在接受调研的大部分典型大数据企业中，大数据业务收入也只占其企业总体营业收入的一小部分。

2.1.12 大数据关键技术研发不足，相关标准和安全保护手段急需完善

对于大数据存储、大数据智能分析、大数据可视化等关键技术的研发相对比较薄弱，拥有核心知识产权和原始创新较少。相对于北京、上海、广东等地，关键技术和设备受制于国外厂商的现象更为突出，"轻基础、重应用"的生态现象更为明显。同时，对相关的大数据安全以及个人信息和商业敏感数据保护手段研究不足，信任体系不完备，相关法规和标准建设严重滞后于浙江省较为发达的互联网应用的实际需求。

2.2 浙江省大数据行业发展现状和趋势

围绕大数据精准营销产业链，浙江省在互联网、金融、电信、政府、安防、地理信息等领域的大数据技术产品创新此起彼伏，应用广度不断拓宽，应用深度不断加强。

2.2.1 互联网大数据

近年来，浙江省互联网信息服务业，特别是以阿里巴巴等为代表的第三方行业电子商务平台快速发展，杭州市已成为全国的电子商务中心。乌镇成为世界互联网大会永久会址。当前，浙江省互联网发展重心已从"广泛"转向"深入"，对大众生活的改变从点到面，对网民生活的全方位渗透程度进一步增加。与此同

时,互联网应用的深入发展产生了海量的大数据,大数据是互联网的重要资源,也是互联网商业模式的核心价值所在,因此,大数据理论和技术在互联网应用中起到至关重要的作用。互联网应用的多样性导致其涉及的大数据内容呈现不同的特点,针对不同需求研究和采用适宜的大数据技术能够获得更好的互联网应用和服务,从而提升用户体验,带动互联网的整体发展。

互联网与大数据互相依托,互联网是产生大数据的最主要的平台。在互联网应用中,大数据源源不断地产生,通过分析、处理反作用于互联网应用。因此,大数据技术是互联网发展的动力,它能使互联网应用更加贴合用户需求和网络发展方向,从而不断发展壮大。阿里云数据库和大规模运算资源整合为数据平台事业部,同时阿里也成立了虚拟组织"集团数据委员会"。阿里云的目标是要打造互联网数据分享的第一平台,成为以数据为中心的先进的云计算服务公司。杭州泰一指尚科技有限公司(AdTime)是一家大数据营销企业,也是一家运用大数据技术的创新科技型广告公司,可为广告主提供全网(基于互联网、移动互联网、互动电视等)一站式的营销服务及解决方案。杭州遥指科技有限公司成立于2012年3月,公司主要研究大数据、商业智能、推荐引擎等技术。杭州快智科技有限公司成立于2012年5月,一直致力于智能手机应用的开发与推广。

2.2.2 政府大数据

政府数据是一笔巨大的财富,也是开启智慧政府大门的钥匙。智慧政府离不开政府开放数据,而政府开放数据形成的生态圈,将有力地推动智慧政府又好又快地发展。

政府数据总量庞大、种类繁多,与民众生活密切相关。虽然政府拥有这些高价值数据,但是其数据资产的利用和运营仍处于较为原始的阶段。开放知识基金会(Open Knowledge Foundation)发布的2014年全球开放数据指数显示,英国、美国分居全球政府开放数据排名的前两位,在开放数据的深度和广度方面遥遥领先,而中国在这份榜单中仅仅排名第63位。

政府开放数据的滞后,已经对浙江省大数据产业的发展以及智慧政府的构建造成了一定的影响。虽然存在这些制约条件,但是国内智慧政府的建设并未止步,而大数据在其中的应用更是越来越深入。

信息发布、电子政务服务、公众互动是政府门户网站的三大功能。经过多年的建设,浙江省政府信息化程度获得了较快发展,但还存在各部门惠民服务相对独立的现状,客观上形成了"信息孤岛",百姓需多次注册,无法便捷享受信息惠民服务。

政府数据资源的整合是智慧政府建设的前提和基础，但是不可忽视的是，当越来越多的政府部门意识到"数据是一种财富"的时候，反而阻碍了内容数据资源的整合。

浙江省可以参考国内其他省市数据开放的做法，制定适合浙江省发展的政府数据资源策略。例如，广东率先启动大数据战略推动政府转型，上海在2013年启动大数据研发三年行动计划；2014年5月15日，上海市推动各级政府部门将数据对外开放，并鼓励社会对其进行加工和运用。根据上海市经信委印发的《2014年度上海市政府数据资源向社会开放工作计划》，将190项数据内容作为2014年重点开放领域，涵盖28个市级部门，涉及公共安全、公共服务、交通服务、教育科技、产业发展、金融服务、能源环境、健康卫生、文化娱乐等11个领域。其中，市场监管类数据和交通数据资源的开放将成为重点，这些与市民息息相关的信息查询届时将完全开放。上海市经信委也公布，上海将参照图书资源的管理模式，力争通过3年时间，完成各政府部门的信息系统所承载的信息资源分类、目录编制和注册工作，实现全市政府数据资源目录的集中存储和统一管理，基本摸清政府数据资源的"家底"，从而解决数据资源"有哪些、在哪里、谁负责"等关键问题。今后每一年，上海都会发布年度开放清单，力争用3～5年，最终形成数据开放的"负面清单"——只要不涉及国家机密、商业秘密和个人隐私的数据基本全部开放。这意味着企业运用大数据在上海"掘金"的时代来临，企业投资和与上海民生相关的产业（如交通运输、餐饮等）可以不再"盲人摸象"。

浙江省可设立专门的大数据管理机构，负责研究编制全省大数据战略、规划和政策措施并组织实施；研究制定政府、企业、个人大数据收集、管理和开发应用规范；组织编制电子政务建设规划并组织实施；组织协调政务信息资源共享；负责政务大数据平台建设与维护。

2.2.3　金融大数据

互联网与大数据互相依托，互联网是产生大数据的最主要的平台。在互联网应用中，大数据源源不断地产生，通过分析、处理反作用于互联网应用。因此，大数据技术是互联网发展的动力，大数据技术使互联网应用更加贴合用户需求和网络发展方向，从而不断发展壮大。

金融大数据和互联网金融不能完全割裂来看，互联网金融强调运用互联网技术和互联网思维在运营层面和结构层面改造金融业，而金融大数据更强调运用大数据资产,大数据可以称为互联网金融的内核。同时,大数据与互联网都是信息技术的历史产物,二者存在着密切的关联性。

2013年互联网金融概念的热度开始急速攀升,6月17日,阿里巴巴推出"余额宝"产品,该产品上线6天,用户数就突破100万,上线18天,累计用户数达到251.56万,累计转入资金达到66.01亿元。截至2014年7月,"余额宝"资金规模已突破6000亿元,客户数超过一亿,创造了令金融界震惊的奇迹,随后不仅出现了"活期宝"和"现金宝"等众多"宝"类产品,而且也拉开了互联网金融的大幕。产业界、投资界、学术界乃至监管部门开始纷纷加大在互联网金融领域的布局,P2P、众筹、网络小额信贷、比特币等新兴的互联网金融模式层出不穷,一时间,互联网金融成为社会各界争论的焦点和抢夺的重点。恒生聚源金融大数据平台以金融证券资讯服务为核心,数据内容涵盖股票、基金、债券、金融衍生品、期货、港股、宏观、行业、公告、资讯、新闻法规、海外经济数据等,为企业、金融机构和消费者提供财经信息服务及数据中心解决方案。

随着金融大数据的野蛮生长,相关监管力度有待提高。目前我国尚无一部专门的法律对个人信息数据特别是个人金融信息的收集、使用、披露等行为进行规范,主要通过宪法和相关法律法规对个人信息进行间接保护,但立法散乱且不成体系。因此,需尽快明确监管职责与权限,对金融大数据进行合理规范和监管,保障其稳定、持续与健康的发展。

另外,由于金融大数据的基础缺失,因此数据孤岛、数据壁垒现象明显。企业数据必须要流动才能产生价值,而静止数据只是看上去宝贵,实则敝帚自珍,最终将被时间淘汰。金融机构往往由于业务领域的不通亦或是政策法规的限制,导致不同机构掌握的数据不尽相同,而且数据的流通性较差。数据孤岛对于数据的量级、时效性、流通性产生了极大的影响。打破数据壁垒,实现数据的有效和及时流通是金融大数据发展的基础。

2.2.4　视频大数据

大数据现在已经进入全球经济的各个部门,就像其他的生产必备要素一样,许多现代经济活动离开了它根本不可能发生,大数据将带来一波生产率增长和消费者盈余浪潮。而至今,它也将开启中国监控资本市场的新一轮的寻宝游戏。

在视频监控领域,伴随着高清监控时代的大潮,产生了越来越多的海量视频数据。但是,大量的视频数据仍然是独立的、零散的。视频录像数据散布在各个行业、单位独立的系统中,没有发挥达到联网、共享,业界也没有形成对数据挖掘、利用的通用方法，核心技术仍然在研究中，尚未实现重大突破。

目前大量的视频监控数据运用于安防领域，但主要以人工搜索为主，政府之间跨警种、跨部门、跨区域的联网共享应用仍然较少，为老百姓、为社会所用的应用还没有启动。如能开放这些视频资源，为老百姓服务，而不仅仅用于治安、刑事案件，还能通过信息公开、数据共享、数据挖掘推动新型的数据服务业的大发展，将是社会的福音。

大数据是未来的发展趋势，很多公司现在都在做大数据业务，但真正将大数据的挖掘和应用落到实处，转变为商业模式的企业还是很少，目前很多大数据概念都是噱头。而安防企业需要做的，便是积极增强内功，提高研发能力，加强技术储备，应对更大数据量带来的冲击。后期安防厂家会进行分化，一部分传统安防厂家更加专注于某固定安防领域继续深耕，专注于产品和技术；另一部分安防厂家会向大安防集成平台转变，专注于业务整合和数据分析处理。

浙江省杭州市为全国安防企业集聚地，全国最大的视频监控企业海康威视、浙江大华、宇视科技均落户杭州，纷纷构建相关大数据平台，开展大数据相关业务。

2.2.5　地理信息大数据

地理信息产业是 21 世纪的朝阳产业，属于高新技术产业，是以现代测绘技术、信息技术为基础，结合计算机技术、通信技术和网络技术形成的综合性产业。2014 年 1 月 22 日，国务院办公厅印发了《关于促进地理信息产业发展的意见》（国办发〔2014〕2 号），这一意见的提出，预示着地理信息产业在新一轮的行业整合方面将面临重大机遇。同年 7 月，国家正式印发《国家地理信息产业发展规划（2014—2020）》，对于推进我国地理信息产业的蓬勃发展具有重要指导意义。地理科学面对的是一个复杂的系统，是天然的大数据。

地理信息资源涉及各行各业，有多种类型的空间数据。主要包含地图（矢量和栅格）数据、影像数据、派生数据、公众数据、开源数据、标签数据、元数据、分类和未分类数据、视频和传感器数据等。

浙江七巧板信息科技有限公司综合地运用 GIS,RS,RTLS,LBS,CNSS,RFID 等现代化技术，将各类地理数据与各类信息数据相结合，通过数据定位、数据分析、数据预测等技术手段，将各类分散的数据资源在高清晰化的地图上转化为现实可用的商用及民用信息，实现全球地理位置价值最大化。

2.2.6　电信大数据

电信行业已经有上百年的历史,当前正面临着大数据带来的新机遇和新挑战。以中国移动为例,每日从事务性系统中产生的结构化数据就已达到 8 TB,汇聚的经过压缩后的上网日志数据达到 400 TB,而最原始的信令量更是达到数 PB 到数十 PB。如果将这些数据视为成本的话,那么电信运营商将面临巨大的投资压力。但从另外一个角度考虑,如果这些数据能像资产一样产生收益、增值保值,那么无异于拓展了一个全新的领域。

由于电信运营商本质上是提供信息沟通渠道和桥梁的,因此从一开始就非常重视数据在生产和经营环节中的指导作用,大数据的兴起更是为电信运营商拓展了一个全新的领域。大数据在电信运营商中的应用可以分为对内和对外两个部分。对内利用大数据来强化自身的商业模式,包括利用大数据进行网络管理和优化、细分市场产品研发、精确营销、客户挽留、企业精细化管理等。对外方面,国内外电信运营商正在尝试将数据货币化,利用大数据发现新的商业模式,发挥数据的外部社会和经济价值。

总的来看,浙江省电信行业的大数据依然处于探索阶段,未来几年,无论是内部大数据应用还是外部大数据商业化都有很大的成长空间。但电信行业大数据最大的障碍是数据孤岛效应严重,由于国内运营商的区域化运营,电信企业的数据分别存储在各地区分公司,甚至在分公司内不同业务的数据都有可能没打通。而互联网和大数据则是没有边界的。对于三大运营商来讲,各家对于大数据的发展思路也各不相同,但总体来说均在加速推进。

2.3　推进浙江省大数据产业
创新发展的政策建议

展望未来,进一步加快发展浙江省大数据产业,将是浙江省培育战略性新兴产业、促进经济转型升级、转变经济发展方式的重要途径。

2.3.1 加强大数据产业发展的顶层设计，积极营造大数据产业链

目前，浙江省正处于加快发展大数据产业的重要机遇期。作为新一代信息技术和商业模式，大数据必将加速全省信息产业和信息基础设施的服务化进程，催生大量新型互联网信息服务，带动信息产业格局的整体变革。建议浙江省进一步加强云计算产业发展的顶层设计，制定大数据发展规划，以大数据产业链培育为主线、示范工程实施为牵引、关键技术攻关为突破口、公共平台建设为支撑，大数据平台建设和大数据服务推广为重点，积极推动大数据产业成为浙江省发展战略性新兴产业的重要突破口。

2.3.2 加快建设信息资源公共服务平台，进一步开放政府信息资源

据测算，当今社会各界所存储的各类数据中，中央政府各部门、地方政府以及履行公共服务职能的机构与企业拥有1/3数据量。但是，这些数据往往分散于各个单位和部门，并且并不对外公开。浙江省应加快建设全省公共信息服务平台，促进信息共享与业务协同，努力为群众提供更方便快捷、更优质高效的公共服务，以满足各级政务部门经济调节、市场监管、社会管理、公共服务等方面的需要。建议出台一些配套制度，例如公开数据集的目录，强制要求进行数据公开和共享；设立奖惩制度，对于公开信息及时、可靠的予以奖励，不符合规定的予以惩处；建立预算制度，从预算角度控制各部门经费使用方向，推动数据共享，防止"信息孤岛"现象的出现。

2.3.3 加快政策制定，积极鼓励企业之间共享大数据

数据增值的关键在于整合，自由整合的前提是数据的开放。但是形成庞大而开放的数据，并非易事。目前全省各互联网平台以及各企业之间，都各自形成了一个独立的封闭系统，外界很难获得某一平台上的完整数据，并且各企业正试图形成完整的闭环来赢得市场竞争，数据的私密占有、数据归属权不清晰严重制约着大数据的广泛应用和融合发展，政府应该出台政策鼓励和引导企业之间有序、规范地共享大数据。

2.3.4　推动产学研深度合作,加强大数据关键技术研发支持力度

研制适合大数据应用的硬件装备和软件产品,包括大数据一体机、大数据获取工具、大数据交换工具、大数据管理产品、大数据分析软件、大数据可视化软件等。重点选取智慧交通、视频监控、电子商务、金融证券、电子政务、食品安全、终身教育等既具有大数据基础,又具有迫切应用需求的领域,探索交互共享、一体化的服务模式,建设云环境下的大数据公共服务平台,开展大数据行业应用研发,促进大数据技术成果惠及民众。支持产学研深度合作,整合云计算专项、物联网专项等项目,支持大数据技术的开发、研究和应用示范,引导企业加大研发力度,实现关键技术突破。在政府部门和公用事业的信息化应用中采购大数据技术,以政府采购引导国内大数据发展。

2.3.5　建立大数据信用体系,加强隐私保护,加快大数据标准建设

让社会各界敢于提供真实信息,从而形成对大数据的社会信任感和责任感,是大数据发展的基础。大数据技术在推动巨大的创新的同时也产生了新的隐私问题,例如,越来越多的记录个人行动、行为和位置数据的设备和服务。建议浙江省加快建设全社会信用基础数据统一平台,加强国家、个人信息和敏感商业数据保护,形成严谨处理、利用个人信息数据的氛围。特别在电子商务服务业和互联网经济等优势产业中,积极倡导诚实守信,严禁非法使用个人信息,坚决取缔各类信息诈骗,建立健全有利于促进大数据健康发展的公正、合理的诚信评价体制。同时,完善知识产权保护体系,促进数据共享和整合,推动数据价值创造。加快制定相关标准和指南,推动行业标准制定机构出台各类型的标准,并给予资金支持、税收减免、费用补贴、金融支持等激励措施。

2.3.6　加快大数据领域的复合型人才培养和引进

支持在浙高校在电子信息类专业有针对性地增加相关课程,增加学生在感知技术、数据存储、数据仓库、数据搜索、数据挖掘与可视化等领域的知识积累,扩大人才储备规模。加大从其他国家、地区引进人才的力度,实施各项优惠政

策、营造良好发展环境以吸引国外优秀的技术人员,增强浙江省相应研发实力。支持高等院校、职业学校、科研院所与有条件的大数据企业合作建立人才培养和实训基地。建立公务员大数据轮训制度,分批次面向各级领导干部和相关人员进行大数据专业知识普及培训。实施企业家培育工程,加强对企业特别是中小企业经营管理者的大数据应用培训。

3 以大数据应用为契机推动区域云计算产业创新发展

云计算是大数据产业创新发展的巨大推手,而发展大数据则是促进云计算应用落地的重要契机。两者相辅相成,共同成为繁荣软件和信息服务业、推动工业经济转型升级的革命性力量。当前浙江省应以大数据应用为重要契机,扎实推动云计算和大数据融合创新发展,使得云计算能够真正从概念走向大规模的落地应用。

3.1 云计算发展现状

云计算被公认为是继 PC、互联网之后的第三次 IT 变革,得到包括中国在内的世界各国政府的高度重视。在国内,北京布局了亦庄云基地、中关村软件园南北两个云计算聚集区,通过实施"祥云工程",力争使北京市成为世界级的云计算产业基地、中国乃至全球的云计算中心;上海规划建设了闸北云计算产业基地、杨浦云计算创新基地以及浦东云计算应用示范区,正在实施的"云海计划"将上海定位为亚太地区的云计算中心;深圳启动"鲲云计划",提出打造"华南云计算中心"的发展目标;重庆开建两江国际云计算中心、巴南云教育产业园和江津双福新区云计算产业基地,以期打造国内最大的离岸数据处理中心;内蒙古自治区凭借其在能源、土地、气候、区位等方面的独特优势,积极推进在呼和浩特市、包头市、鄂尔多斯市建设国家级特大型数据中心。在浙江省,近年来随着政府的积极引导和企业的大力推进,云计算整体发展迅速,应用特色鲜明,特别是云计算平台服务业全国领先,SaaS(软件即服务)应用已成为行业云计算实践的重点领域,并具备了进一步发展的产业基础。

25

然而,纵观国内和浙江省近几年来的云计算发展,可以发现虽然云计算概念火热,但是成熟案例不多,整个云计算产业还处于起步发展期。

1)基于云计算的数据中心服务仍处于小规模试用阶段。在我们调研的各大电信运营商和IDC运营商中(不包含阿里云),其现有的IDC业务绝大部分都还是基于传统的机柜租用、服务器租用模式,基于云计算的IDC业务份额据估计尚不足5%。其主要原因有云计算技术门槛较高、一次性投入成本较大等。另外,基于云计算的数据中心服务价格偏高、对数据存放的安全性顾虑也使得大部分用户在现阶段难以接受基于云计算的数据中心。

2)真正落地的云服务应用案例较少。尽管绝大部分云计算相关企业(可称作"涉云企业")都看好云计算未来的发展前景,但除了其中少数企业已经开展真正意义上的云计算业务外,相当一部分企业还是处于云计算规划、预研阶段,甚至不排除部分企业仅仅只是为了企业形象而贴上"云计算"的标签而已,也就是说表面上是"云",但实质上不是"云"。由于尚未存在统一的云计算定义,不少企业就将简单的服务器资源虚拟化、将传统应用迁移至互联网,认为这等同于实现了云服务模式,并加以宣传。

云计算发展的关键是应用要落地。如果应用不落地、云计算核心价值不能实现的情况无法及时得到改善,预计未来各方推进云计算产业化的热情将可能大大地降低。

3.2　大数据发展现状

幸运的是,由于大数据时代的到来当前云计算产业的发展正迎来一个重要机遇期。按照维基百科的定义,大数据(big data)是指无法在一定时间内使用常规软件工具对其内容进行抓取、管理和处理的数据集合,其特征主要体现在体量(volume)大、数据类型多样(variety)和速度(velocity)要求高等方面。近年来,世界各国高度重视大数据的应用发展。2012年,美国联邦政府整合6个部门推出总投资 2 亿美元的"大数据研究和开发计划"(Big Data Research and Development Initiative)。2011 年,欧盟提出了旨在推动研究和创新的"地平线2020"计划,其中面向大数据的数据信息化基础设施(E-infrastructure)是其优先资助领域。在国内,北京市成立了"中关村大数据产业联盟",上海市提出了《上海推进大数据研究与发展三年行动计划(2013—2015 年)》,深圳市成立了旨在推动大数据科技创新和产业联动的"深圳大数据产学研联盟"。2013 年,美国市

场研究公司 IDC 发布报告称,全球大数据技术和服务市场将在未来几年保持
31.7%的年复合增长率,2016 年的总规模有望达到 238 亿美元。计世资讯
(CCW Research)研究表明,2012 年中国大数据市场规模为 4.5 亿元,未来每年
将保持超过 100%的增长率,并预计到 2016 年中国大数据市场规模将达 93.9
亿元。

　　当前,浙江省一些优势 IT 企业在大数据研发和应用方面已经走在了国内
同行的前列。2012 年 7 月,作为阿里巴巴集团数据分享平台的"聚石塔"正式
发布,这意味着整合阿里旗下所有电商模式的"基石"——大数据平台初步成
形;海康威视研制的视频监控系统通过对大规模海量视频和图像数据的分析、
处理,可提供集视频监控、安防报警为一体的安全防护服务;核新同花顺的
"i 问财"基于云计算技术和大规模海量数据挖掘技术,可面向社会公众提供智
能财经搜索引擎服务;等等。另外,大数据应用前景在云服务企业中也已得到
广泛认同。在我们调研的云服务企业中,除了电信运营商和 IDC 企业外,大约
已有一半开始涉足大数据业务。当然,浙江省企业在创新大数据应用模式、提
升大数据应用价值、增强大数据处理技术先进性等方面还有很大的提升空间。

3.3　云计算和大数据关系浅析

　　云计算为大数据应用提供了必需的技术架构平台。云计算技术,特别是
其中的计算虚拟化技术、海量云存储技术等为数据量大、结构复杂的大数据应
用提供了很好的技术解决框架。事实上,现有的大数据应用基本上都是架构
在云计算平台之上,例如,OpenStack 平台、Hadoop MapReduce 分布式计算框
架、GreenPlum 分布式存储系统等。另一方面,在 Hadoop 生态系统中,针对大
数据应用的各种平台软件也是与 Hadoop 的云计算底层框架(如 Hadoop
HDFS,Hadoop MapReduce)集成在一起的。

　　云计算为大数据应用提供了新型的商业服务模式。云计算将传统的自建自
用模式改变为通过租用的方式获取相关服务,可大大地减少大数据应用系统的
投入成本,并降低技术门槛。同时,大数据的生产、加工和分析处理等不同环节
也可以通过服务的方式由各个机构分工、协调完成。这对于大数据的商业模式
创新和业态创新具有重要意义。

　　大数据为云计算落地提供了应用场景。2012 年以来,大数据越来越多地被
人们提及,以 IBM,Oracle,SAP,Intel,微软为代表的老牌 IT 厂商将业务触角伸

向大数据产业。大数据的繁荣为云计算产业发展提供了崭新并具有广阔前景的应用领域。2013 年 6 月在北京召开的第 5 届中国云计算大会以"大数据大宽带推动云计算应用与创新"为主题，正是切合了目前大数据和云计算在应用层面交叉融合发展的最新特点。2013 年 9 月在上海召开的华为云计算大会（Huawei Cloud Congress，HCC），各大厂商展出的云计算应用案例很大一部分都是与大数据相关的。

3.4 推动浙江省云计算和大数据融合发展

云计算和大数据已成为当前 IT 界的热点名词，它们既是推动传统产业升级的重要抓手，也是拉动经济社会发展的新的增长点。浙江省信息服务业较为发达，特别在电子商务服务业、智慧城市建设、行业信息化等领域应用水平居全国前列，云计算和大数据产业化基础较好。浙江省应紧紧抓住新一轮 IT 变革所带来的机遇，坚持云计算和大数据融合发展的基本思路，一方面通过大数据在社会各界的广泛应用推动云计算产业扎实发展，另一方面通过深入运用云计算技术和服务模式推动大数据产业创新发展。

3.4.1 统筹规划、合理布局，着力推动传统互联网数据中心向云数据中心转型升级

数据中心是大数据应用的重要基础设施，承载了大数据存储、交换和分析等大数据应用的核心功能。传统的互联网数据中心（IDC）在资源共享和能源消耗方面等方面具有明显不足，将传统的 IDC 升级为基于云计算的数据中心对于促进大数据应用绿色健康发展具有重要意义。建议在综合考虑市场需求、能源供给、网络基础设施等因素下，合理布局浙江省云计算数据中心建设。在杭州、宁波、金华等信息服务业较为发达的地区，主要建立靠近用户所在地的基于云计算的数据中心，并依市场需求灵活部署。在衢州、丽水等资源优势较为突出的地区，主要建立用于数据灾备的基于云计算的数据中心。

3.4.2 以电子政务云建设为契机,积极推进政务大数据共享和业务协同

我们调研的各个省级行业信息管理部门绝大部分都已经存储积累了一大批海量业务数据,杭州、宁波、丽水等地也都开始着手电子政务云建设。建议当前应结合浙江省电子政务云的建设实际,以构建全省统一人口库为抓手,率先在政府部门进行大数据应用示范。特别是需要打破部门界限和行政区划分割,支持各地建立跨部门、跨地区的业务信息系统。同时,积极鼓励各级政府采用各种大数据特许经营模式,以电子政务云平台为载体,有效推动企事业单位利用政府信息资源提供各类社会化公共信息增值服务。

3.4.3 整合优势资源,大力支持云计算和大数据融合创新发展

整合财政、税收、科技、金融、人才等方面的扶持政策,加大资金支持力度,对面向大数据应用等的云计算研发和产业化项目给予重点支持。加快制定云服务企业认定标准,扎实推进云计算产业发展,防止某些与云计算关联不大的企业为获取政府扶持而把自身包装成云服务企业。积极鼓励政府和企业利用云计算进行大数据服务模式创新,重点支持广大中小企业采购基于云计算平台的大数据服务,对使用符合条件的云计算平台的企业按有关规定和程序给予适当补助。

4 浙江省云计算和大数据产业布局和发展路线

4.1 产业布局和总体结构

　　加快建设宽带网络、云计算和行业大数据三大基础平台,以电子信息制造、行业应用和信息消费三个层面聚焦智慧产业发展,进一步强化科技创新、安全保障、市场治理三大支撑体系建设,通过实施七大工程、25个专项,最终实现基础平台、智慧产业、行业应用和支撑体系协同快速发展。总体结构如图4-1所示。

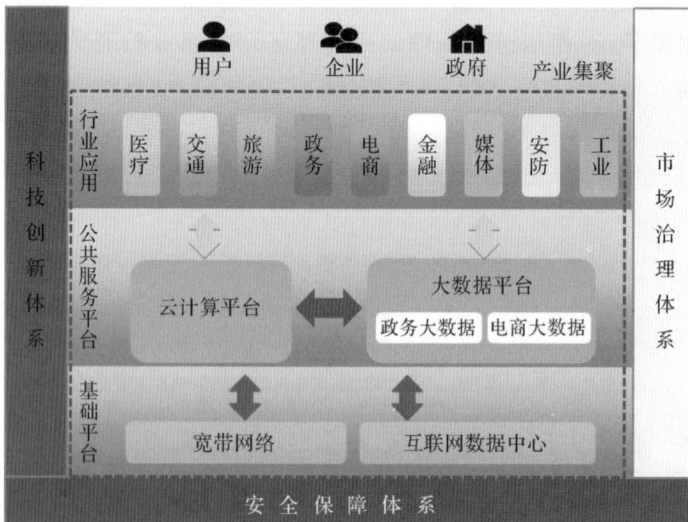

图 4-1　总体结构

进一步完善杭州市高新区(滨江)和城西云计算和大数据产业链结构,重点规划云栖小镇、杭州"云谷"两大云计算产业集群,发展成为浙江省云计算与大数据产业创业创新协同区;充分依托杭州市主城区现代服务业、宁波等地智慧城市应用、舟山海洋电子产业、金华电子商务产业发展,发展成为全省云计算和大数据产业应用示范区;紧紧抓住世界互联网大会永久落户桐乡的机遇,推动嘉兴、湖州等地成为全省移动互联网应用示范区和信息资源集散区;利用浙江省发展"两化融合""机器换人"为切入点,重点发展杭州市高新技术开发区、绍兴、嘉兴等地的工业控制、在线监测、仪器仪表、穿戴设备等智能专用装备,提高系统集成能力,推进传统产业转型升级。最终形成"一核多点"同步发展的产业发展布局。

4.2 发展路线

目前,浙江省云计算与大数据产业的发展路线是实现跨越式发展。第一步至 2017 年,主抓基础平台和保障体系建设,包括进一步提升浙江省光纤和无线信号的覆盖率和质量,强化和完善阿里云平台建设,构建政府大数据平台、电商大数据平台,初步建成科技创新、市场治理和安全保障三大体系;第二步至 2020 年,主抓产业规模和发展效能,包括显著扩大全省云计算和大数据产业规模,加快带动电子信息制造、行业应用和信息消费发展,进一步完善云科技创新、市场治理和安全保障三大体系,建成全国云计算和大数据产业中心。

4.3 重点工程

4.3.1 基础设施提升工程

重点专项 1:宽带基础设施。 积极推进"宽带浙江"建设,加快发展以杭州、温州、金华为网络枢纽的全省骨干网建设,逐步拓宽骨干网带宽和运营商互联网访问之间的带宽。进一步提高 11 个设区城市及部分经济发达的县(市)的光纤和无线信号的覆盖率和质量,全面推进百兆光纤到户、IPv6 商用、4G 网络、三网融合发展等工作。有效提升宽带网络安全保障能力,落实网络安全防护标准,在杭州、宁波、温州三大都市圈和浙中城市群等重要区域部署高抗灾基站,逐步建设完善各类网络安全应急系统。

重点专项 2：互联网数据中心。在千岛湖、白马湖等自然资源较为突出的地区，构建若干个数据中心。重点支持电信运营商联合其他互联网数据中心服务企业有效利用虚拟化、弹性计算等先进技术，将已有的传统互联网数据中心升级为新一代的云计算数据中心。鼓励电信运营商利用云计算、大数据跨区域特点，将内蒙古、西安等地的计算资源、存储资源等引入浙江省，为全省提供计算、存储和网络带宽等公共基础设施服务，以达到降低本地能耗的目的。限制超过 3000个标准机架的大型和超大型数据中心建设项目，对于符合布局导向的绿色数据中心，支持其参加大用户直供电试点。

4.3.2　公共服务平台建设工程

重点专项 3：云计算平台。重点支持阿里云进一步做大做强和发挥引领示范作用。完善包括开放云存储服务、开放结构化云数据服务、开放大数据处理服务、弹性计算服务、关系型数据库服务等在内的云计算公共基础应用服务，并力争 5 年内围绕优势云平台形成包括 1000 家以上云构建商、提供商、服务商和使用者在内的云计算产业联盟。

重点专项 4：政务大数据开放服务平台。全面推进浙江政务服务网信息资源共享管理，由省政府办公厅组织建设信息共享平台并负责省级信息资源的共享管理，各市、县（市、区）政府负责建设和维护本级信息共享平台，实现与省信息共享平台互联互通。成立浙江省大数据管理局，所有不涉及国家、个人信息和敏感商业数据的社会化公共信息资源均向全社会公开。鼓励企业成立大数据运行服务公司，向社会各界提供政府相关信息资源咨询服务。

重点专项 5：电商大数据开放服务平台。在确保数据权益和隐私保护的前提下，创新电商产业链合作共赢模式，整合全省各大电子商务企业数据资源，构建电子商务大数据平台，为社会各界提供电商领域的大数据分析、信息推送等增值服务。

4.3.3　智慧产业培育工程

重点专项 6：云计算和大数据产业集聚发展。进一步推进杭州市云计算产业园建设，围绕阿里云"云栖小镇"和杭州"云谷"建设，积极打造云计算产业链和生态圈。积极推动杭州现代服务业、宁波等地智慧城市应用、舟山海洋电子产业、金华电子商务产业发展。以嘉兴科技城为核心，以中国（乌镇）互联网产业基地为重点，积极推动嘉兴等地成为全省移动互联网应用示范区和信息资源集散区。有效利用网络资源，在不改变现有产业布局的前提下，打造云计算和大数据虚拟园区，以达到集聚资源、降低园区建设成本的目的。

重点专项 7：云计算和大数据企业培育。加快基础软硬件企业培育，支持信息基础设施优势企业研发优势产品，力争在服务器、存储设备和下一代云计算SDN 网络方面有所突破；加快云服务和大数据应用企业培育，推动三大电信运营商、华数和第三方数据中心向云计算基础设施服务商转型，鼓励电商、安防监控、金融信息化、教育信息化、交通信息化等优势行业信息化企业向 SaaS 应用模式转型和开展行业大数据应用。

4.3.4 行业应用推进工程

重点专项 8：医疗健康。重点支持以"电子健康档案"为基础，以医生、患者为服务对象，构建区域医疗卫生云服务平台，支持面向基层社区医院的远程医疗，推动医疗资源共享，实现跨地区、跨医疗机构合作，制定医疗资源信息公开的相关法规制度。重点支持杭州市滨江区智慧医疗产业基地建设。建设健康云平台，开发智慧健康服务。

重点专项 9：交通运输。构建适应交通转型发展要求的信息化基础服务支撑云平台，实现多源、多主体异构、海量交通业务系统数据的互联互通、实时共享和综合分析。重点支持大规模卡口和浮动车数据采集、分析技术和基于移动互联网的实时交通数据推送技术，为大众出行者提供实时有效的路况信息服务和交通事故预警服务。重点支持快递企业通过信息整合，创新收货、运输、终端配送模式，构建资源共享、终端开放的快递服务云。通过交通运输服务云示范，推动行业大数据应用产业发展。重点支持嘉兴智慧交通专用云数据中心和现代物流园建设。

重点专项 10：旅游服务。重点支持西湖风景名胜区、"两江两湖"风景名胜区构建基于旅游信息标准的智慧旅游公众信息服务云平台和 12301 旅游咨询服务热线，为旅游行政管理部门、旅游企业和广大游客提供便捷、及时、准确的旅游信息服务和风景区安全预警服务。通过旅游服务云示范，推动行业大数据应用产业发展。

重点专项 11：智慧政务。加快推进全省电子政务云计算中心建设，建立省本级各部门可广泛共享的电子政务基础设施平台，以云计算在电子政务领域的率先示范推动其在社会经济其他各个领域的广泛应用。以宁波和丽水两地电子政务云建设为示范,重点推进政府资源整合、共享和开放,推进市民卡、就业服务、智慧城管、家庭服务等信息惠民行动,全面提升政府公共服务水平。

重点专项 12:工业制造。 加快嵌入式系统芯片、可编程控制器等智能技术在工业产品的应用以及适应物联网发展趋势的各类智能装备的研制,全面推进"机器换人"和"机联网"工程建设。积极支持云计算、大数据等技术在传统工业制造领域的创新应用,形成连续生产、集中管控、资源共享的现代制造模式,实现重点行业生产装备和制造过程以及企业管理的网络化和智能化。

重点专项 13:电子商务。 重点支持阿里巴巴、网盛生意宝、珍诚医药等电子商务优势企业建立完善的支撑服务、交易服务和衍生服务等互联网经济服务体系,开展基于电子商务云服务平台的海量交易数据分析和市场预测,进一步扩大交易规模,提升服务水准。做大做强电子商务产业规模,培育 50 个左右省级重点第三方电商平台。实施义乌智慧商城建设示范试点,积极推广"电子商务+现代物流"经营模式。

重点专项 14:金融服务。 重点支持信雅达、同花顺、恒生等金融信息化优势企业提供基于 SaaS 模式的金融软件服务和金融资讯服务,支持移动金融服务的金融云平台和金融云终端,以及基于云计算的金融大数据分析处理服务,实现互联网金融行业技术创新和服务模式创新,推动企业从金融领域软件产品供应商向服务商和运营商转型。支持恒生建设中国资本市场数据中心。

重点专项 15:媒体娱乐。 重点支持华数集团围绕数字媒体内容加工、分发、服务、运营等环节,构筑媒体云服务平台,有效促进传统媒体向全媒体和新媒体演进,建设全国最大的数字媒体内容库。重点支持杭州动漫之都建设,依托杭州国家动画产业基地构建云渲染公共服务平台,实现电影、动画、高清图像等大规模、高效率的渲染工作。重点支持阜博通,通过与文化创意产业现代服务领域中主要参与者进行合作,建立全国所有影视内容的影视基因库及版权信息库,在全网范围进行新媒体版权监测。

重点专项 16:安防监控。 重点支持海康威视、大华、宇视等视频监控优势企业构建安防监控大数据中心和云平台,以终端产品销售和工程应用为切入点,逐步向国内外提供基于 SaaS 模式的视频监控服务,以及面向海量视频数据的分析处理服务。

4.3.5 科技创新保障工程

重点专项 17：云计算关键共性技术研发。重点支持研究面向云计算的高性能网络操作系统与虚拟化技术、云计算安全与云集成技术、云计算可扩展性和资源负载均衡技术。结合全省信息服务业水平较高、需求较大的应用实际，重点支持各类云计算服务平台技术的研究，包括支持高效、快速开发云计算应用服务平台的软件产品线工程技术，支持传统应用软件系统平滑升级为基于云计算的高端软件系统的迁移技术，支持弹性需求的云计算服务平台服务质量保证与服务管理技术，面向云计算服务平台的云服务流程的设计、验证与优化技术等。

重点专项 18：大数据关键共性技术研发。重点支持研究在线弹性可扩展、节点负载自动均衡的大数据存储技术、数据中心绿色节能技术及高速数据解析、转换与装载等大数据整合技术。重点支持研究内存计算、流式计算等高速高可靠大数据分析处理技术，以及突破用户兴趣分析、网络行为分析、情感语义分析等面向各领域的大数据挖掘技术。重点支持体验性强、可适配各种终端的大数据可视化技术。

重点专项 19：云计算和大数据成套软硬件系统和产品研制。通过集成和突破网络化操作系统体系结构、大规模资源调度与共享、运行监控与安全保障等系列关键技术，加快研发按需简约的云操作系统及相关核心软件、支持复杂环境下可信计算的云平台安全防护产品以及支持泛在接入的各种云终端设备。根据市场需求，重点支持研制适合大数据应用的硬件装备和软件产品，包括大数据一体机、大数据获取工具、大数据交换工具、大数据管理产品、大数据分析软件、大数据可视化软件等。

重点专项 20：云计算和大数据技术应用示范。在电子商务、医疗卫生、数字家庭、文化教育等领域，重点发展支持智能化社会公共服务和智慧城市的云计算公共服务和大数据应用示范平台。根据全省重点行业的发展需求，适时部署若干以数据即时感知、智能处理、按需服务为典型特征的重点行业云计算和大数据应用示范，通过大数据获取、共享和综合利用，提升重点行业的信息化水平。开展基于云的传统高端软件改造与应用示范工程，积极鼓励传统产业使用云计算和大数据提升信息化水平，促进传统产业转型升级。

4.3.6 安全保障提升工程

重点专项 21:云计算和大数据安全技术研发。 鼓励各类云计算和大数据安全关键技术的研究,确保云计算和大数据系统的物理安全、设备安全、系统安全、网络安全、数据安全、内容安全和行为安全。设立云计算安全关键技术攻关专项,重点支持研发数据加密、防欺诈和恶意软件检测等技术。促进云计算安全科研水平,推动传统信息安全企业向云安全解决方案转型与提升。

重点专项 22:云计算安全评估、监管机制建设。 建立云计算安全测评与风险评估的第三方机构,开展云计算安全测评和风险评估;成立云监管和应急响应组织机构,每年组织完善实施云计算安全应急演练。

4.3.7 市场治理体系构建工程

重点专项 23:云计算和大数据标准体系建设。 鼓励企业参与国内外相关云计算和大数据标准制定工作,抢占标准话语权,实现从标准的"追赶者"到"领跑者"的转变。及早确定全市电子政务云、智慧城市专有云等公共平台的顶层设计规范标准,各单位和部门信息资源交换标准,以及数据中心的 IT 设备准入标准、系统承建商和服务供应商准入标准。建立云计算中心外包服务标准,通过明确责任边界和建立事故责任倒查机制等,确保相关云计算中心运行安全可控。

重点专项 24:大数据信用体系建设。 加快建设全社会信用基础数据统一平台,加强国家、个人信息和敏感商业数据保护,形成严谨处理、利用个人信息数据的氛围。特别在电子商务服务业和互联网经济等全市优势产业中,积极倡导诚实守信,严禁非法使用个人信息。进一步完善知识产权保护体系,促进数据共享和整合,推动数据价值创造。推进区域信用平台共建、信用信息互通、信用管理合作。

重点专项 25:云计算市场治理体系建设。 成立浙江省云服务评价中心,对全省云服务和云工程企业运营绩效进行测评;制定格式化的购买云服务的规范合同范本,在服务内容、服务水平、计费、安全、知识产权、迁移和退出、法律约束等方面给出云服务购买方(用户方)和云服务提供方的权利和责任,供全省各级政府机构和事业单位在利用财政资金采购云服务时使用。

5 云服务企业认定方案

5.1 总 则

　　浙江省云计算在服务能力的提升、技术研发、产业链带动等方面取得了明显的进展,但也面临着重建设、轻应用、政策环境不够完善、产业技术亟待提升、信息安全挑战严峻等问题。在政府大力扶持云计算产业的形势下,许多企业纷纷涌入,存在很大的盲目性,造成云计算泡沫。针对市场初期的无序性,特拟定本评定准则对云服务企业进行认定,促进云计算市场的规范发展。

　　云服务企业分为云服务企业和云工程企业,是指从事云计算 IaaS,PaaS, SaaS,云计算相关软硬件生产/销售/系统集成、云计算咨询/测评等服务的企业。认定条件分为基本条件和各类企业所属条件。企业必须达到各项条件的最低标准方可申请认定。经认定的云服务企业可享受相关政策优惠。

5.2 云服务企业基本条件

5.2.1 基础资源情况

　　1)企业成立条件:依法在中国境内成立法人企业,并从事云计算研发和应用3 年以上;注册资金不低于 500 万人民币。

　　2)人力资源情况:员工人数不少于 50 人;具有大学专科以上学历的职工人

数占企业当年月平均职工总人数的比例不低于 40%，其中研究开发人员占企业当年月平均职工总数的比例不低于 20%。

5.2.2　技术和经营情况

1）核心技术：主营业务拥有自主知识产权，其中软硬件产品拥有省级相关部门认可的、软硬件检测机构出具的证明材料和软硬件产品著作权或发明专利。

2）云计算产品研发费用：当年度的研究开发费用总额占企业销售（营业）收入总额的比例不低于 6%；其中，企业在中国境内的研究开发费用金额占研究开发费用总额的比例不低于 60%。

3）销售收入：云计算相关产品开发销售（营业）收入占企业收入总额的比例一般不低于 10%。

4）云计算业务用户数：一般应有稳定的用户数。

5.2.3　安全资质

1）建立云计算安全管理体系和提供有效运行的过程文档记录。

2）通过国家信息安全服务资质认证（三级或以上）。

3）通过 ISO 27000 认证。

5.2.4　管理水平

1）拥有企业信用等级证书（AA 级或以上）。

2）通过 ISO 9001 认证。

5.3　云服务企业分类及所属条件

云服务企业分为云工程企业和云服务企业。详细分类及所属条件如下。

5.3.1 云计算软硬件提供商和系统集成商及云计算咨询/测评企业

1)云计算硬件提供商:从事云主机、云终端、通信设备、安防产品等硬件制造业务,符合各行业国际国内的相关标准。

2)云计算软件提供商:通过国家双软认证(软件企业认证、软件产品认证)、相关产品质量认证(如 CMM/CMMI 等)。

3)云计算系统集成商:通过国家系统集成资质认证(二级及以上)。

4)云计算咨询/测评企业:通过 CNAS 认证或获得政府相关部门的授权。

5.3.2 IaaS 企业

1)拥有 IaaS 软件,能将传统 IDC 云服务化。

2)机柜总数不少于 300 个(或机房总面积不能低于 3000 m^2)。

3)达到机房的能耗标准(2012 年前建的机房 PUE≤2.0,2012 年之后建的机房 PUE≤1.6)。

4)灾备情况:灾备数量至少为 1 个,距离至少为 100 km。

5)服务情况:企业提供对云计算相关基础设施的利用,包括处理、存储、网络和其他基本的计算资源,使用户能够部署和运行软件,包括操作系统和应用程序。

5.3.3 PasS 企业

1)企业必须拥有分布式技术(主要包含分布式存储、分布式计算、分布式数据库、同步机制、负载均衡、任务调度等),分布式软件开发、测试、运行工具和运营管理系统(用户管理、资源监控、应用管理等)。

2)企业提供云计算基础平台,以及针对该平台的技术支持、优化等服务。

5.3.4 SaaS 企业

1)企业必须拥有自主知识产权的 SaaS 平台及对平台的有效管理。

2)企业提供运行在云计算基础设施上的应用程序,即用户不需要管理或控制任何云计算基础设施,如网络、服务器、操作系统、存储等。

5.4 云服务企业认定指标体系

5.4.1 认定指标体系

云服务企业认定指标体系由企业基本条件评价指标和各类企业所属条件评价指标组成。

企业基本条件评价指标是反映企业基本资源情况、技术和经营情况、安全资质和管理水平。

各类企业所属条件评价指标是根据各个企业所涉及云计算的领域依不同的评价指标进行评价。

企业基本条件评价指标见表 5-1。

各类企业所属条件评价指标见表 5-2。

表 5-1 企业基本条件评价指标

一级指标	指标权重	一级指标	指标权重
基本资源情况	ω_1	注册资金	ω_{11}
		员工人数	ω_{12}
		专科以上学历员工占比	ω_{13}
		研发人数占比	ω_{14}
技术和经营情况	ω_2	自主知识产权数量	ω_{21}
		研发费用占总收入比例	ω_{22}
		境内发生的研发费用占比	ω_{23}
		云计算收入占总收入的比例	ω_{24}
安全资质	ω_3	内部安全管理系统	ω_{31}
		国家信息安全服务资质认证等级	ω_{32}
		通过 ISO 27000 认证	ω_{33}
管理水平	ω_4	企业信用等级	ω_{41}
		通过 ISO 9001 认证	ω_{42}

表 5-2　各类企业所属条件评价指标

企业类型		一级指标	指标权重
云计算软硬件和系统集成商及云计算测评企业	云计算硬件提供商	符合行业国际国内的相关标准	ρ_1^1
	云计算软件提供商	通过国家双软认证和相关产品质量认证（CMM/CMMI 等）	ρ_1^2
	系统集成商	系统集成资质认证	ρ_1^3
	云计算测评企业	通过 CNAS 认证或获得政府相关部门的授权	ρ_1^4
IaaS 企业		IaaS 软件	ρ_{11}^5
		机柜数（个）	ρ_{12}^5
		PUE 值（新旧机房平均值）	ρ_{13}^5
		灾备数量（个）	ρ_{14}^5
		灾备距离	ρ_{15}^5
PaaS 企业		企业必须拥有分布式技术（有自主知识产权、技术先进）	ρ_{11}^6
		企业提供云计算基础平台（平台运行状况和服务质量评价）	ρ_{12}^6
		平台及用户数	ρ_{13}^6
SaaS 企业		SaaS 平台（有自主知识产权、技术先进）	ρ_{11}^7
		SaaS 产品（应用程序）（产品运行状况和服务质量评价）	ρ_{12}^7
		平台及用户数	ρ_{13}^7

5.4.2　评价指标使用方法

综合评估可以利用层次分析法对各部分各个指标进行综合评估。

评价指标应按层次进行划分，从底层开始，逐层向上评估，最终对整体做出评估。具体评价步骤如下。

（1）确定评价指标集合

以企业基本条件为例，确定评价指标集合为：

$$I=\{基本资源情况,技术和经营情况,安全资质,管理水平\}$$

(2)确定评价指标权重

在利用层次分析法进行综合评估中,各指标的权重对最终的评估结果会产生很大的影响,因此权重的确定应尽量客观。

比如某层指标的权重为:

$$\boldsymbol{\omega}=\{\omega_1,\omega_2,\ldots,\omega_n\}$$

判断矩阵元素标度方法见表 5-3。

表 5-3　判断矩阵元素标度方法

指标 x,y 比较	数值
x 和 y 同等重要	1
x 比 y 稍微重要	3
x 比 y 明显重要	5
x 比 y 十分重要	7
x 比 y 极其重要	9

判断矩阵 $\boldsymbol{A}_{n\times n}$ 构造出来后,利用和法计算权向量 $\boldsymbol{\omega}$。权向量 $\boldsymbol{\omega}$ 的每个元素 ω_i 为每个指标的权重。ω_i 的计算方法如下:

$$\omega_i=\frac{1}{n}\sum_{j=1}^{n}\frac{a_{ij}}{\sum_{k=1}^{n}a_{kj}}$$

其中,n 代表这层指标的个数,a_{ij} 为判断矩阵 $\boldsymbol{A}_{n\times n}$ 中第 i 行第 j 列元素。

在评价指标的实际使用时,可以根据云计算行业发展状况、专家意见等因素,对判断矩阵各个元素的重要性做出适当的调整,这样可以使得不同指标的权重发生变化。因此,为了检验这些变化逻辑上的合理性,需要对判断矩阵进行一致性检验,检验步骤如下:

1) 计算一致性指标 CI:$CI=\frac{\lambda_{\max}-n}{n-1}$,其中 $\lambda_{\max}$ 为判断矩阵的最大特征值。

2) 查表确定相应的平均随机一致性指标 RI(见表 5-4);

表 5-4　矩阵阶数与平均随机一致性指标对应表

矩阵阶数	RI
1	0
2	0
3	0.52
4	0.89
5	1.12
6	1.26
7	1.36
8	1.41
9	1.46
10	1.49
11	1.52
12	1.54
13	1.56
14	1.58
15	1.59

3)计算一致性比例 CR：$CR = CI/RI$

一致性判断：

① 当 $CR < 0.1$ 时，认为判断矩阵的一致性是可接受的，将计算出来的 ω_i 作为第 i 个指标的权重；

② 当 $CR > 0.1$ 时，判断矩阵不符合一致性要求，需要对判断矩阵进行一致性修正，重新计算 CR 并判断，直到矩阵的一致性要求满足为止。

由评估小组为每个低层指标打分，然后计算上层指标的评分 $R = \sum_{i=1}^{n} w_i r_i$，以此类推，最终得到企业的总得分。

5.5　云服务企业认定重点

对提出认定申请的云服务算企业应在以下方面进行重点审查：

1)云计算产品(服务)开发销售(营业)情况;

2)云计算技术研发能力情况(包括研发环境、研发团队,以及场所购买或租赁情况等);

3)质量保障能力情况(包括质量保障体系、测试实验环境与工具等);

4)云计算知识产权情况(包括核心技术知识产权情况、知识产权保护情况等);

5)企业管理情况(包括管理团队、经营管理制度等)等方面。

5.6 云服务企业认定流程

云服务企业的认定工作建议由行业主管部门授权的第三方机构(以下简称认定机构)按照以下程序进行:

1)企业填写云服务企业认定申请表,向认定机构提出云服务企业认定申请;

2)认定机构自受理云服务企业认定申请之日起20个工作日内,按本办法对企业提供的材料进行审查(必要时可组织技术、财务等专家围绕上述方面对申请企业进行评审);

3)认定机构根据审查情况做出认定,并将初步认定的云服务企业名单(纸质文件和电子版)报送行业主管部门;

4)行业主管部门对认定机构报送的经初步认定的云服务企业名单公示7个工作日,没有异议的,予以备案;如有异议,根据异议情况由认定机构重新审核;

5)行业主管部门依据备案情况,公布本行政区域内云服务企业认定名单,颁发云服务企业认定证书。证书可以分为Ⅰ、Ⅱ、Ⅲ级。

云服务企业认定申请常年受理、集中审核。每年审核两次,分别在3月和9月。

云服务企业认定证书有效期2年,期满后须再次申请认定。

6 云服务企业运营绩效评估方案

云服务企业运营评估是指运用特定的评估体系,对企业运营期间的经营和服务质量做出客观、公正和准确的综合评判。运营评估有利于云服务企业建立激励与约束机制,有利于正确引导企业的经营行为,促进企业全面提高经营管理水平;有利于增强企业的形象意识,不断提高企业竞争力;有助于政府和用户进行安全的服务选择和投资决策。

开展对云服务企业运营的评估工作,需要建立一个合理、可行的评估体系作为衡量云服务企业运营质量的参考依据。评估体系是评估指标的总称,由一整套具体的评估指标构成。运用可行的评估方法,通过一整套指标对云服务企业运营和服务质量的具体实施情况给出评估,为浙江省实施云服务战略做出重大贡献。

6.1 运营评估定义

1)目的:为培育浙江省云服务市场,增强用户对云服务的信心,保护正规云服务商,促进市场良性发展。

2)依据:《云计算服务协议参考框架》《可信云服务认证评估方法》和《可信云服务认证评估操作办法》三个标准。

3)可信优质定义:可信是一个综合的概念,不同的云服务应用具有不同的关注点,因此需要针对不同的云计算应用环境,选择优化的可信特征集,并给出各可信特征值的计算方法,进而建立云服务可信优质评估体系。

4)适用范围:可信云服务认证作为培育市场的手段,适合所有云服务种类和用户的认证。

6.2 评估体系构建的原则

1)科学系统性原则：指标的设置能够比较广泛、客观、真实地反映云服务企业运营实际情况。一是通过层次划分，科学全面地反映评估对象的主要因素；二是正确清晰地表达指标的概念、含义；三是避免评估体系中各指标内涵的重叠交叉、模糊不清。

2)定性与定量相结合原则：根据问题的性质分类，定性的指标应规范合理定性化，定量的指标尽量趋近真实水平。在实际操作中，由于各方面条件限制，很难达到理想化水平，但趋近于事实情况的指标也可给节能工作的开展提供一定的指导。

3)层次性原则：云服务企业运营是通过监管、技术、应用几方面工作内容组成的，可将其分解为若干层次——目标层→指标层→措施层，逐个具体分析评估，有利于总体把握、重点调控。

4)可操作性原则：指标应尽可能利用获取的数据，尽可能量化，通过有关部门统计资料、抽样调查整理得到。理论上，设计一个可行的评估体系，尽量接近实际，体现可操作性。

5)动态性原则：指标必须能够动态反映云服务过程。对数量庞大的服务交易活动进行实时监控，评估服务方和需求方的服务交易信用，保证服务交易活动正常有序进行。因此，评估指标必须做到对运营管理过程进行监控，及时发现问题。

6)不考虑企业准入信息：企业基本素质及财务等基本信息和企业能耗评估已分别在云服务企业认证和能耗评估项目中得到考虑，不是云服务经营评估考虑的重点。

7)基于 SLA 与用户满意度评估模型：基于服务等级协议（Service Level Agreement，SLA）与用户满意度，将在对云服务企业服务质量缺乏足够了解情况下，减少对其产品安全性的担忧。

8)对不同服务类型提供商使用不同的评估标准：根据 SLA 确认服务提供商的类别，如 SaaS，PaaS，IaaS，需要使用不同的评估标准。

9)评估标准的多维化：如果评估标准比较单一，就难以恰当衡量不同服务提供商的服务质量。如图 6-1 所示，整个评估体系由基本标准、业务标准和满意度标准组成。在进行具体评估时，基本标准和满意度标准为必选，而业务标准通常根据被测业务可选其中一个或多个业务标准。

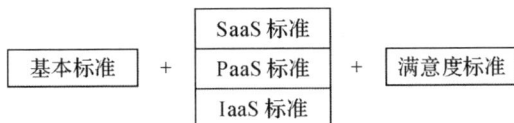

图 6-1 多维评估体系

6.3 云服务企业运营评估体系

根据对云服务企业的运营特点、构建原则和评估体系框架的探讨,通过实地访谈、问卷调查及跟踪,研究云服务企业在资源服务、网络性能、服务能力、信息安全、用户满意度等多目标、多方面的潜力。在此调查研究基础上建立的评估体系应具有系统全面、层次分明、科学理论依据充足的特点。建立过程为。

第 1 步,选择云计算研究、云计算服务、企业管理等领域的多名专家对云服务企业运营指标进行设计,结合浙江省经济实情与云计算实践经验,设计第一轮云服务企业评估指标体系调查表,收集专家认为影响云服务的因素。

第 2 步,回收第一轮调查表,汇总制定第二轮调查表。

第 3 步,重复第 2 步工作,进行多轮的信息收集与框架修改,直到大多数专家反映所构建的指标体系符合评估体系构建原则。

根据上述步骤建立的可信优质云服务评估体系见表 6-1。

表 6-1 可信优质云服务评估体系

总目标	目标层	目标描述
可信优质云服务	基本标准	通用云服务质量评估
SaaS/PaaS/IaaS 标准	云服务业务质量评估	
满意度标准	服务使用满意度评估	

6.4 评估指标使用方法

6.4.1 定性评估的量化处理

本报告将评估等级分为"优""良""中""较差"和"差"。对各等级的量化描述见表6-2。

表 6-2 定性评估等级量化关系

评估	等级	量化区间
优	A 级	(80,100]
良	B 级	(60,80]
中	C 级	(40,60]
较差	D 级	(20,40]
差	E 级	(0,20]

6.4.2 评估指标的权重

评估指标的权重是基于层次分析法计算获得的。该方法将定性分析与定量分析相结合,通过建立判断矩阵,对指标两两比较得到相对重要性的赋值。当判断矩阵通过一致性检验时,最大特征根对应的特征向量就是相应指标的权数。确定权重的计算流程与规范化处理步骤如下:

1)通过上述评估体系框架研究建立评估体系,并在此基础上构造判断矩阵;

2)分析评估系统中各基本要素之间的关系,建立系统的递阶层次结构;

3)对同一层次的各要素关于上一层次中某一准则的重要性进行两两比较,构造判断矩阵;

4)由判断矩阵计算被比较要素对于该准则的相对权重;

5)计算各层要素一致性检验指标;

6)各要素权重 W 的计算通过判断矩阵表及一致性检验来计算各层要素;

7)综合指标的确定;

8)影响因素分析。

针对 6.4.2 中的步骤 2),为了将两个因素对上层影响程度量化,通常采用如表 6-3 所示的 1~9 度标识法。

表 6-3 1~9 度标识法

标度	定义与说明
1	两个因素对上层指标具有同样的重要性
3	两个因素比较,一因素比另一因素稍微重要
5	两个因素比较,一因素比另一因素明显重要
7	两个因素比较,一因素比另一因素重要得多
9	两个因素比较,一因素比另一因素极端重要
2,4,6,8	表示需要在上述两个标准之间折中时的标度
$1/x_{i,j}$	两个因素的反比较

在利用层次分析法进行综合评估时,各指标的权重对最终的评估结果会产生很大的影响,因此对权重的确定应尽量客观。假设第一层指标的权重为:

$$\boldsymbol{\theta} = \{\theta_1, \theta_2, \theta_3, \theta_4, \theta_5, \theta_6\}$$

每个指标的权重可以通过构造判断矩阵(见表 6-4)来确定,由 n 个指标组成的判断矩阵 $\boldsymbol{A}_{n*n}$ 的构造方法为通过对 n 个指标两两相互比较确定各指标对目标的重要程度,$\boldsymbol{A}_{n*n}$ 的元素值 a_{i*j} 可以通过矩阵判断标准(1~9 度标识法)确定,而且满足 $a_{i*j} = 1/a_{j*i}, a_{i*i} = 1$。在判断矩阵 $\boldsymbol{A}$ 构造后,再计算权向量 $\boldsymbol{\theta}$。权向量 $\boldsymbol{\theta}$ 的每个元素 θ_i 为每个指标的权重。θ_i 的计算方法如下:

$$\theta_i = \frac{1}{n} \sum_{j=1}^{n} \frac{a_{ij}}{\sum_{k=1}^{n} a_{ij}}$$

其中,n 代表指标的个数,a_{i*j} 为判断矩阵 $\boldsymbol{A}_{n*n}$ 的元素。

在评估指标的实际使用过程中,可以根据当前情况及工作重点等因素,对判断矩阵中各个元素的重要性做适当的调整,这样可以使得不同指标的权重发生变化。

按表 6-4 的示例,假设 B_1 的权重为 ω_1,有:

$$\omega_1 = \frac{1}{5}\left(\frac{1}{1+1/2+2+3/2+1/4} + \frac{2}{2++2+3+2+1/2} + \frac{1/2}{1/2+1/3+1+1/2+1/8} \right.$$

$$\left. \frac{2/3}{2/3+1/2+2+1+1/5} + \frac{4}{4+2+6+5+1} \right) = 0.2001$$

同理得出其他权重值为 $\omega_2 = 0.1144, \omega_3 = 0.3850, \omega_4 = 0.2456, \omega_5 = 0.0549$。

49

表 6-4　判断矩阵示例

A	B_1	B_2	B_3	B_4	B_5
B_1	1	2	1/2	2/3	4
B_2	1/2	1	1/3	1/2	2
B_3	2	3	1	2	6
B_4	3/2	2	1/2	1	5
B_5	1/4	1/2	1/6	1/5	1

6.4.3　一致性判断

为了检验逻辑上的合理性，需要对判断矩阵进行一致性检验，检验步骤如下：

1）计算一致性指标 CI，$CI = \frac{\lambda_{max} - n}{n-1}$，其中 λ_{max} 为判断矩阵的最大特征值；

2）查表确定相应的平均随机一致性指标 RI，RI 可通过查表 6-5 得到。

表 6-5　矩阵阶数与平均随机一致性指标对应表

矩阵阶数	RI
1	0
2	0
3	0.52
4	0.89
5	1.12
6	1.26
7	1.36
8	1.41
9	1.46
10	1.49
11	1.52
12	1.54
13	1.56
14	1.58
15	1.59

一致性比例 CR：$CR＝CI/RI$；一致性判断如下：

1）当 $CR＜0.1$ 时，认为判断矩阵的一致性是可以接受的；

2）当 $CR＞0.1$ 时，判断矩阵不符合一致性要求，需要对判断矩阵进行修正，重新计算 CR 并进行判断，直至矩阵的一致性要求满足为止。

6.5　评估实施组织

6.5.1　评估组织

服务管理机构负责组织实施云服务企业运营服务质量评估并确定评估机构。

评估机构主要负责云服务企业运营服务质量评估的实施，主要内容包括编制实施方案、开展评估、形成评估报告。

6.5.2　各个角色要求

6.5.2.1　服务管理机构

1）编制评估实施纲要，主要内容包括：实施单位和责任分工、评估体系、评估步骤和时间安排、保障措施等。

2）云服务质量评估具体实施单位，协助信息化主管部门建立云服务质量评估机构、形成质量评估报告。

3）建立服务使用满意度调查机制，定期或不定期由云服务用户形成对云服务企业的服务使用满意度评估结果。

4）收集云服务企业提交的报告及改进意见，确定服务改进措施并组织相关方对云服务企业提供的服务进行改进。

5）仲裁用户与云服务企业之间的纠纷。

6.5.2.2　评估机构

1）负责云服务质量监督管理，包括与检测有关的服务监督、检查工作。

51

2)配合服务管理机构做好云服务质量评测和服务评审工作。

6.5.2.3 云服务企业

1)遵守国家和信息化主管部门的有关政策、法规,树立以用户为核心改善服务的工作理念。

2)在提供服务时,应公布其服务项目、服务时限、服务范围及售后服务等内容,并公布收费项目和资费标准。

3)在用户办理一项服务时,云服务企业应向用户提供使用该项业务服务的说明资料,包括服务功能、计费办法及缴费时间、咨询电话等,以书面形式明确双方的权利和义务。

4)建立健全质量保证体系,并按规定时间和内容向服务管理机构、用户汇报云服务使用情况、业务部署情况、基础设施使用情况等。

5)配合服务管理机构进行云服务质量评测。

6)建立与服务管理机构沟通的渠道,进行服务满意度测评。听取用户的意见和建议,自觉改善服务工作。

6.5.2.4 用户

1)遵守国家和信息化主管部门的有关政策、法规使用云服务资源。

2)配合服务管理机构进行平台服务质量测评。

6.5.2.5 确定评估机构

1)服务管理机构选择专业评估机构开展服务质量评估工作。

2)选择的专业评估机构须满足相应的资质要求。

3)专业评估工作应主要承担以下工作:①协助服务管理机构开展评估实施方案编制、培训等;②独立开展数据汇总、统计分析,评定出具体评估结果,确定被评估的服务企业云服务水平;③根据实际情况多角度、多层次对云服务企业服务质量存在的问题做出分析。

6.5.2.6 组织开展评估

1)服务管理机构定期或不定期部署云服务质量评估实施工作。

2)考核标准应由省、市地方信息化主管部门统一确定。

6.6 评估流程

评估实施流程分为评估准备、现场评估、完成评估报告三个步骤。

6.6.1 评估准备

评估机构发布云服务质量评估公告,规定评审活动细则。

由申请参加评审的云服务企业填写企业调查问卷及参评材料,寄送至评估机构。

评估机构审核云服务企业提交的相关资料,包括资格审查、调查问卷及参选材料的真实性,确定参评企业名单。

6.6.2 现场评估

由评估机构根据制定的评估指标体系及评审活动细则,以及企业上报的调查问卷和评审材料,对云服务企业进行现场测试。

6.6.3 完成评估报告

运用层次分析法计算各要素的权重及综合指标得分,给出初审评估报告。

由评估机构根据初审结果,对其提供云服务水平进行达标认定、评估。

由评估机构公布评审结果。

云服务质量综合测评公式如下:

云服务质量综合评估得分 $=\alpha_1$ * 通用云服务质量得分 $+\alpha_2$ * 业务云服务质量得分 $+\alpha_3$ * 服务使用满意度得分。

其中,α_1,α_2,α_3 根据被测评对象的实际情况选取。例如,α_1,α_2,α_3 的数值为 0.2,0.4,0.4,以后再逐渐调整。

根据综合得分和评估水平划分标准(A,B,C,D,E),可得该企业的云服务水平。

6.7 评估结果及应用

6.7.1 评估结果

1）服务管理机构负责审核服务质量评估报告，汇总评估报告，发布评估结果。

2）服务质量评估报告的主要内容应包含评估方法、服务提供质量测试结果、基本标准评估结果、SaaS/PaaS/IaaS标准、满意度标准、改进建议等。

3）评估方法应明确评估结果产生的方法，包括评估的指标、指标权重和计算方法以及评估标准等。

4）专业机构应按照服务质量的评估水平划分为A，B，C，D，E级，评定出具体评估结果，确定被评估企业的服务质量水平。

5）改进建议部分，应根据实际情况多角度、多层次地对被评估企业的服务质量存在的问题做出分析，并提供改进建议。

6.7.2 评估结果分级

根据运营服务质量评估体系进行评估而获得的质量评估结果是服务质量分级的唯一依据。

本方案建议A，B，C，D，E级共五个服务质量级别，参见表6-6。这些级别构成了以A级为最高级，E级为最低级的层次结构。

表6-6 服务质量级别

服务级别	对应评估区间	评估结果
A 级	(80,100]	优
B 级	(60,80]	良
C 级	(40,60]	中
D 级	(20,40]	较差
E 级	(0,20]	差

6.7.3　评估结果应用

　　服务管理机构每年应定期公开、公布云服务企业服务质量评价信息以及服务使用满意度。

　　服务管理机构根据一年中服务使用机构的评估，年终时对服务提供机构服务质量进行汇总和总体评估，并根据最终评估结果与服务提供机构进行协商。

7 区域电子政务云公共平台发展模式

电子政务云公共平台属于政府云的范畴,云计算模式的"信息集成、资源共享"特性将在电子政务公共平台中发挥巨大作用,通过公共平台的应用,在政府部门之间、政府部门与社会服务部门之间建立"信息桥梁",通过云平台内部信息驱动引擎,实现不同电子政务系统间的信息整合、交换、共享和政务工作协同,将大大地提高各级政府机关的整体工作效率和对公众的服务质量。

7.1 浙江省基于云计算电子政务公共平台发展现状

国家电子政务规划明确提出要完成以云计算为基础的电子政务公共平台顶层设计,明确要求地方政府确定云计算发展思路,降低电子政务成本,提升政府公共服务能力。

7.1.1 地方政府出台电子政务云计算发展规划

宁波市委、市政府出台的《关于建设智慧城市的决定》和《宁波加快创建智慧城市行动纲要(2011—2015)》,重点推进五大工程。其中工程之一是推进政府云计算中心工程:运用云计算技术和服务模式,加强电子政务的顶层设计,调整和优化电子政务的核心架构。项目建设内容主要包括统一的电子政务基础设施服务平台,数据架构体系和数据服务枢纽,统一的电子政务业务开发与运行平台,基础数据分析展现系统、视频会议平台软件,以及相应的保障体系。

2012 年 3 月,丽水"智慧政务"被省政府列入全省首批 13 个试点项目之一,目的在于解决电子政务普遍存在的重复建设、信息孤岛、业务分割等三大问题。丽水"智慧政务"项目依托云计算技术,尝试引入创新商务模式和运营模式,实现政府组织结构和工作流的重组优化,完善"大数据"流转和挖掘机制,全方位地向部门、企业、市民等提供优质、规范、透明的各项服务。

7.1.2　三大运营商助力地方政府发展电子政务云计算

浙江移动现有的云计算业务主要应用于其企业内部,以达到降低企业经营成本的目的。公司对外已开始为社会提供云主机、弹性块存储、IP 和网盘等服务。

浙江联通以智慧城市云平台建设为契机,在省内建设 IDC 机房 35000 余平方米,主要集中在杭州、宁波等地。公司积极搭建智慧城市云平台,将在湖州市建设联通华东云计算基地,总装机规模为 7200 个机架。

浙江电信云计算业务以 IaaS 为主,是浙江省最大的 IDC 业务提供商。在全省 11 个地市拥有 IDC 星级机房 26 座,机房面积近 100000m^2,安放机架总数超 10000 个。为适应迅速发展的大数据时代,浙江电信正在规划建设 100000m^2 的云数据中心。

7.1.3　省内主要企业为政府积极提供云计算解决方案

2013 年 7 月,丽水市政府、阿里云和中软国际签订了"智慧政务"三方战略合作协议。阿里云作为丽水政务云项目的云计算服务提供商,负责智慧政务云平台的建设与运维工作。中软国际作为该项目的云集成商承担咨询、规划、调研、总体设计和实施工作,负责将丽水市政府现有政务应用迁移至新建的云平台。

面向园区服务的西湖云计算公共服务平台为入驻园区的企业提供包括存储、软件服务等在内的桌面云服务,可将用户桌面环境都托管在企业的数据中心,实现多桌面系统灵活切换与多业务处理。网络访问的方式为企业用户提供了非常灵活的工作处理方式,并实现数据的集中存储、站点复制,从而构建完整的容灾体系。

富阳市政府云数据中心可提供对海量数据存储、分享、挖掘、搜索、分析的服务,使得数据能够作为无形资产进行统一有效的管理。通过对数据集成和融合技术,打破政府部门间的数据堡垒,实现部门间的信息共享和业务协同。

7.2 浙江省电子政务云公共平台发展模式分析

发展模式是人们为了实现经济社会发展目标而选择和采用的方式、机制、途径的统一体。电子政务云公共平台发展模式就是研究如何利用云计算公共平台来推进高效的电子政务变革。课题组在调研分析的基础上，发现目前对电子政务云平台发展模式最为关心的问题：一是云平台应用发展趋势，二是云平台建设模式，三是云平台的实施步骤问题。

7.2.1 电子政务云公共平台应用发展趋势

技术与应用双重因素推动政府云建设飞速发展。从技术角度看，虚拟化技术、海量分布式存储技术、信息安全技术等云计算核心技术的快速发展，加快了政府云应用的落地速度。从应用角度看，信息孤岛、信息资源浪费、数据不一致等问题，迫切需要通过政府云平台对信息资源加以科学地组织与管理，使信息资源能够在更大范围中得到应用。

政府云的建设将彻底改变现有的政府信息化管理体制。由于公共服务云和电子政务云的建设，未来的政府信息化管理体制和模式将发生变革，信息化建设和运维职能将逐渐向政府的统一 IT 机构集中，各部门信息化人员将更多关注应用需求的提出。

私有云将是电子政务云建设的首选。出于信息安全的考虑，私有云是电子政务云建设的首要选择。由市、区级政府建设统一的数据中心，部署通用应用，如行政审批、邮件、打印、视频会议等，为辖区内政府机构提供电子政务服务，各级机构根据使用量付费或免费使用电子政务云服务。

公共服务云将成为提升政府服务水平的有效手段。公共服务与云计算的契合，不仅为公共服务开辟了不受时空限制的无限可能，而且使公共管理创新的动力互动化。构建面向公共服务的云计算体系，不仅可以丰富行政管理体制改革的实验模型，而且能为行政管理体制改革提供外部动力，奠定服务型政府建设的技术基础和社会基础。

7.2.2　电子政务云公共平台建设模式

综合投资主体、建设主体、运营主体、资源共享程度等几个因素来考虑,政府的电子政务云有五种建设模式:模式一,政府投资建设,自主运营维护;模式二,政府投资建设,运行维护外包;模式三,社会投资建设,特许经营服务;模式四,政府购买服务,外部运行,资源独享;模式五,政府购买服务,外部运行,资源共享调度。

以上五种建设模式各有特色,各机构应结合自身实际情况,选择适合的建设模式。如面向政府人员服务的电子政务云属于私有云,应选择自建模式,如有较强技术队伍,则可选择自行运营;如技术实力稍弱,则可选择运行维护外包。而面向公众服务的电子政务云属于公有云,应选择租赁方式,根据资源共享范围选择资源独占或共享模式。

7.2.3　政府云计算的实施步骤

从云计算的整体架构来看,政府云不可能一步到位,应该是个循序渐进的过程。

第一步,数据中心的整合集中、标准化和优化。集中基础设施和数据,为进一步实现共享打下基础。第二步,通过虚拟化技术,做到整个数据中心资源的按需分配。第三步,实施云计算,建立面向服务的弹性、动态的 IT 基础架构,实现按需分配服务、服务可控和可计量。

7.3　基于云计算的电子政务公共
平台发展政策建议

基于云计算的电子政务公共平台在推进过程中,需要面对来自政策法规、数据安全和标准规范等各方面存在的问题和挑战,这些挑战直接关系到政府云应用的落地实效。因此,政府在实施云计算时,须注意以下事项。

7.3.1 加强整体规划与扶持政策

电子政务云计算应用已经是大势所趋,不可阻挡,但风险和挑战也一直存在。在考虑建设云平台时,应从以下几个维度考虑:一是硬件设备是否能满足系统运行要求,如不能满足,则考虑应用云计算集中部署模式;二是信息孤岛严重,需要进行整合,可以考虑将系统部署在云平台上;三是扶持战略性新兴产业发展,即当地政府将云计算作为重点扶持产业,由政府部门组建云计算公共平台,然后向各大企业、行政机关及科研机构提供数据存储及平台测试等服务。

7.3.2 结合政府信息安全需求,首推政务专有云

结合云计算技术和政府信息化应用的特点分析,适合电子政务云计算的应用领域,具有以下特点:①资源整合需求迫切;②服务对象众多;③有信息安全要求;④系统建设和维护成本较高。因此,政府应首先大力建设面向政府人员服务的政务专有云;其次,建设面向公众服务的公有云,即由政府主导、调用公共资源,以满足各级机构和公众的直接需求为目标的创新型电子政务服务平台。

7.3.3 强化电子政务云标准体系建设,推进资源整合与业务协同

标准体系建设在电子政务云应用领域尤为重要,这是因为当前电子政务总体呈现纵横两个方向的分散建设局面,资源整合与共享问题日益凸显,需要通过电子政务云来实现政府部门数据资源、硬件资源和应用服务资源的全面整合。所以,应加快推动云计算标准体系建设,搭建有效的电子政务云技术框架,以推进资源整合与业务协同。

7.3.4 结合地方政府实际,选择合适的建设模式

电子政务云公共平台技术复杂,初期投资巨大,选择合适的建设模式成为摆在各级政府部门面前的新难题。综合投资主体、建设主体、运营主体、资源共享程度等几个因素来考虑,电子政务云公共平台有多种建设模式可选,各机构应结合自身实际情况,选择适合的建设模式。

7.3.5   吸取国内外先进经验，规避电子政务云建设风险

美国、欧盟国家、日本、韩国等传统信息强国纷纷将云计算提升到国家战略高度，启动了一批政府云项目的建设。2011 年 10 月，国家发改委在北京、上海、深圳、杭州、无锡等 5 个城市云计算服务创新发展试点工作的基础上，启动了涵盖互联网服务、电子商务、金融服务、中小企业服务、公共技术平台等在内的 15 个重点示范项目，以加强对现有各类计算资源的整合利用，探索服务模式创新，着力形成示范能力和示范作用。所以，地方政府在启动电子政务云项目时，要深入研究国内外已建设项目的特点，吸取先进建设经验，规避常见建设风险，以提高项目实施成功率。

7.3.6   结合智慧城市建设，推广电子政务云计算公共平台应用模式

综合国内外智慧城市建设模式，目前省内智慧城市建设发展可采用下述三种模式：①以政府为主导角色、制定优惠政策吸引企业与研究机构的建设模式；②政府、企业、市民三方合作的建设模式；③以企业或第三方部门投资建设为主、政府配合为辅的建设模式。自 2012 年以来，浙江省已先后启动了三批共20 个智慧城市建设示范试点项目，通过三种模式的特点、优缺点及适用场景研究提出，现阶段，省内智慧城市建设应该坚持以第一种模式为主，加快探索第二种模式，认真研究和大力倡导第三种模式。

下篇

浙江省云计算和大数据产品、服务和应用

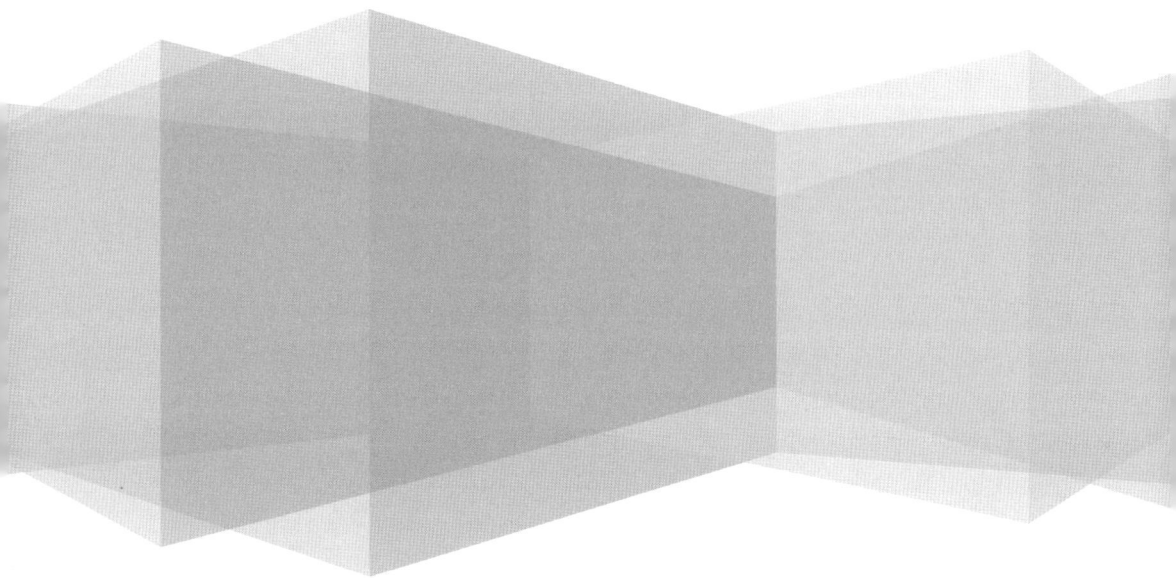

8 数据中心建设与运营维护典型应用

8.1 中国电信杭州分公司数据中心

8.1.1 概述

互联网数据中心(Internet Data Center,IDC)是在互联网发展过程中应运而生的一类新型互联网服务。中国电信杭州分公司数据中心(以下简称杭州电信)以电信级的机房和网络资源为依托,为政府企业、应用服务提供商、内容服务提供商、系统集成商、ISP 提供大规模、高质量、安全可靠的服务器托管、租用以及ASP 等增值服务的网络平台。为了充分发挥中国宽带互联网优势,杭州电信采用当今最先进的设备与科技,根据国际标准建设了高标准数据机房,以高度自动化的管理系统和高度可扩充的设施系统,为不同用户提供安全、可靠、快速、全面的数据存放业务及其他增值服务。

8.1.2 主要内容

截至 2013 年年底,杭州电信 IDC 在市区共有 7 个机房,面积约 80000 m²,机柜数约 8000 个。建设了 4 个高标准 A 级机房(其中兴议 IDC 中心属 AA 级标准),还以五星级 IDC 机房标准建立了华东最大的 IDC 中心机房——兴议IDC 中心,该中心一期建设总面积达 10000 m²,可容纳 2000 个机架。规划中的二期机房建筑面积将达到 15000 m²。网络出口带宽将达到 60 G,仅次于北京、上海与广州;同时,中心机房还采用了国内一流的双系统、双路由设备电源,其恒温恒湿的良好室内环境可以保证客户服务器以及相关设备在最佳状态下运行,为客户提供国内一流的安全防护措施。

杭州电信 IDC 具有以下特点。

8.1.2.1　成本较低

与单独构建机房和租用专线上网相比,其整体运营成本大大降低。

8.1.2.2　可靠性较高

电信级机房提供 365 天 7×24 小时的全天候运营服务,专业技术人员负责维护,网络稳定,安全性能更高。重要网络设备采用双点备份,提供 99.99% 的网络连通率保障。

8.1.2.3　高速接入

利用高速线路实现无阻塞直接联入 ChinaNet 骨干网,用户可以任意选择 2 M~2.5 G(独享或共享)接入速率。

8.1.2.4　灵活性较好

用户启动业务快,托管网络设备扩展方便。

8.1.2.5　服务品质保证

服务品质协议(Service Lever Agreement,SLA)是目前国际通行的客户服务评估标准,是一种由服务供应商与用户签署的相应服务。杭州电信可为用户提供电信级高水平的服务保障,以及全国联动的 7×24 小时客户服务和一站式解决方案。

8.1.3　业务内容

杭州电信提供主机托管、资源出租和增值服务三种 IDC 应用模式。

8.1.3.1 主机托管类

用户主机托管在电信部门标准机房环境中,可通过高速数据端口接入互联网或企业网。

1)主机托管:数据中心为用户提供一定的空间和带宽,用户将自己的网络设备、服务器放在租用的空间内,并自行维护。

2)机架出租:用户租用整个机架存放服务器,并且租用数据中心的网络资源以及其他配套设施。

3)机房出租:使用 VIP 机房出租服务的用户可以根据需要,租用封闭或半封闭的空间放置自备的网络设备和服务器等,管理和配置多由用户独立完成。

8.1.3.2 资源出租类

资源出租类指用户租用电信提供的硬件资源来实现数据的存储,并通过互联网等方式实现数据的存取。

1)虚拟主机:数据中心为 ICP,ISP,ASP 以及政府机关和企业、公司提供其 Web 网站所需的主机、系统平台以及 Internet 连接服务。

2)主机出租:针对大中型客户的需求而提供的一种虚拟主机方式。用户租用 IDC 提供的一台或多台单独的主机作为其 Web 等应用的服务器,以便可以实现一个功能相对强大,速度相对较快的 Web 网站或 Mail 系统。IDC 负责服务器的维护管理。

3)数据存储备份服务:数据中心采用先进的技术及设备为用户提供海量的存储空间,并提供良好的数据保护措施,以帮助用户存储海量数据。

4)数据库出租:数据中心利用存储局域网将用户数据高速备份到磁盘阵列或磁带,用户数据一旦发生意外损坏,可随时从磁盘阵列或备份磁带中传回服务器,恢复丢失的数据。

8.1.3.3 增值服务类

数据中心通过主机托管类和资源出租类业务提供给用户的服务,包括但不限于提高、优化实现网站性能的服务,提高维护能力的服务,实现网站分析,提供技术支持、代维等服务。

1)内容分发服务:通过内容分发技术将数据中心用户所提供的内容推送到 ChinaNet 骨干网节点的流量服务器内,并且结合广域网的负载均衡技术使各地的用户首先访问离自身最近的流量服务器,使用户的请求得到最快的响应。

2)多址镜像加速服务:指根据用户请求,将内容信息镜像到中国电信网络节点的镜像服务器,使用户的请求得到最快的响应。

3)负载分担:根据用户需求,将 IDC 用户的主机放置在中国电信分布在骨干网节点的若干 IDC 中,根据广域网的连通状态和延迟时间将访问请求定向到最适合的主机。

4)异地容灾:指将用户数据存储在不同地域的数据中心内,当其中一地发生不可预测的灾难时,可以迅速恢复用户的数据和功能,提高用户系统的容灾性和安全性。

5)系统安全:安全管理服务分为两大类,一类是硬件和软件防火墙,另一类是提供安全咨询、定期安全扫描和入侵检测等服务。

6)统计分析:为用户提供流量分析等服务。

中国电信作为业内最大的数据中心服务提供商之一,已在国内拥有近 300 个数据中心、5 大海外数据中心以及 4 个全国核心云数据中心。随着互联网的迅猛发展,中国电信适时提出了大数据发展思路,并以综合平台、智能管道为依托,以丰富大数据为基础,聚焦重点大数据应用,特别是聚合更有价值的四大大数据商业应用模式,依托自身核心业务,以实现利润最大化。

中国电信最有价值的大数据应用表现在四个方面,分别是语音数据分析、视频数据分析、网络流量分析、位置数据分析。

第一,利用大数据处理平台分析呼叫中心海量语音数据,建立呼叫中心测评体系和产品关联分析。

第二,基于智能图像分析能力的视频索引、搜索、摘要服务,从海量视频挖掘有价值的视频信息,提供公用视频图像分析,中国电信全球眼智能系统在智慧城市、平安社区、交通监管等领域大规模地使用。

第三,通过分析互联网流量及协议信息,对一般性网络使用者的行为习惯分群组提供有针对性的网络便利性服务,比如精准广告。

第四,通过 LBS 系统平台,对移动通信使用者的位置和运动轨迹进行分析,实现热点地区的人群频率的概率性有效统计,比如根据景区人流进行基站优化。

中国电信 IDC 业务超过 80% 以上的收益来自两类客户,一是大型的互联网内容服务提供商,另一类是政府部门和大型传统企业。这两类客户数量不多,但单个用户购买量非常大。

8.1.4　发展规划

随着杭州市智慧城市建设和互联网事业的强劲发展,社会各界对 IDC 需求也日益旺盛。有关资料显示,目前杭州的行业网站将近 2000 家。这些企业随着规模的壮大,对数据存储的要求越来越高。以前可能随便买一台服务器放在企业内部就可以了,但是现今为了确保数据中心的稳定和安全,越来越多的企业选择了专业的 IDC 中心机房托管。

未来,杭州电信在 IDC 基础产品方面,将进一步明确产品规范,推进基础产品标准化和等级评定工作,使其服务水平向国际化标准迈进;在增值产品方面,重点是快速具备提供安全、备份及专业 IT 代维等三类产品服务能力;在强化自身营销队伍建设的基础上,积极发展代理渠道,同时加强对 IDC 批发商的管理,优化直销、代理、批发的渠道体系。通过营销渠道体系建设,实现对不同客户群的有效覆盖。

8.1.5　企业简介

浙江省电信公司杭州市分公司成立于 2000 年 7 月 8 日,2000 年杭州电信的东新机房正式对外运营,中国电信开始在杭州正式运营 IDC 业务,发展至 2007 年 4 月,成立中国电信股份有限公司杭州分公司 IDC(云计算)运营中心,主要承担杭州本地网及外地重要客户 IDC 业务的管理、营销、支撑和指导工作,重点负责省外大客户的业务营销和客户服务,同时负责杭州市本级 IDC 机房的属地运营及管理。

8.2　网银互联数据中心

8.2.1　概述

杭州市建立了多家网银互联数据中心。杭州网银互联科技有限公司致力于为企事业单位提供高品质的网络基础设施服务及增值应用服务。公司依托各大运营商得天独厚的网络资源优势,通过与中国电信、中国联通、中国移动、中国铁通、教科网、华数建立了战略合作及业务合作,成功运营着多座电信级数据中心机房,这些基础设施均由高质量的数据中心和庞大的数据传输网络组成,管理的服务器数量数以万计。

8.2.2　主要内容

网银互联积极尝试新能源技术以大幅度削减机房运营成本并以此降低企业信息化的服务成本,推动整个数据中心的节能减排。

8.2.2.1　杭州三墩数据中心

杭州三墩数据中心根据国际先进数据中心机房的标准设计建造,机房面积为 3000 m^2,机架总数 1000 个。30 G 带宽接入,保证网络接通。机房分为服务器托管机房和灾备机房,严格按照机房建筑标准建造。机房各项设施安全稳定。

(1)电力系统

双路可靠 10 kV 市电常供,低配变压器 1+1 冗余供电,并采用大功率法国原产柴油发电机组提供可靠的后备供电能力。大功率(1+1 冗余)国际著名品牌 UPS 电源不间断供电,配套充足后备电池,蓄电池容量在满负荷情况下可持续供电 1 小时,从而保障充足、持续的电力供应,保证 99.99% 的持续供电率。每个机架都保证双路供电,确保 22 A 电流。同时机房内还可提供双路-48 V 直流电源。

(2)空调系统

杭州三墩机房提供恒温、恒湿控制系统,并采用大功率进口机房专业空调设备,先进的机房专用空气调节系统采用下送风、上回风方式,精确控制机房空间的温度及湿度。自己具有专业维护队伍,为客户的网络系统提供最佳运行环境。

(3)消防系统

采用火警探测器、烟雾报警器的自动报警、自动气体灭火系统,机房内吊顶上下及活动地板下均设置探测器喷嘴,保证在第一时间发现火灾隐患,在不中断电源的情况下可紧急灭火,灭火气体对设备本身不会造成任何损害。

(4)安全系统

全球眼监控系统采用彩色摄像机对设备安全、防盗防火及人员出入提供 7×24 小时全天候全方位机房监控,录像保存 30 天。用户可以在本地远程监控所属 IDC 机房内的人员出入情况。电子门禁系统通过采用计算机控制的电子感应锁及 IC 卡,自动识别客户身份并对客户进入时间等详细资料进行记录。同时防止任何无关人员进入,保证机房空间的私密性。

(5)综合布线系统

通信电缆布放整齐,绑扎牢固,通信电缆和电力电缆分开走不同的桥架。机房安装若干 ODF,DDF,MDF 配线架,以满足用户不同的接入。每个出租机架布放 12 个信息点。

(6)网络资源

通过多路光纤与 CMNET 骨干网相连,做到路由冗余保护,带宽达到30 Gbps,核心设备采用硬件备份、冗余等措施,保证用户网络的高可靠性连接和数据传输的高效和通畅。

(7)防震系统

数据中心的机架和箱笼具有防震支撑,能够避免来自各个方位的任何细微或剧烈的震动,具有 8 级抗震能力。

8.2.2.2 杭州福地数据中心

福地数据中心是杭州网银互联科技有限公司倾力打造的新一代绿色数据中心。集各运营商优质资源、国际一流软硬件基础设施、统一的安全管理平台、性能优异的运维保障平台以及顶尖信息化服务标准于一身,集数据中心、运营维护中心、增值服务体验中心、商务办公中心于一体。

(1)地理环境

福地数据中心地处杭州全力打造的生态科技产业平台——西溪谷内的福地创业园内,紧邻杭州客运西站,距杭州火车站12 km、萧山机场 36 km。机房所在地属于平原地区,不在地震带,无断裂带。园区地基采用现浇钢混结构,所在大楼接地电阻值 0.8 Ω,机房接地系统跟大楼是独立接地。周围无山地、无沙土崩塌、非倾斜地;周边无任何产生腐蚀性气体、粉尘、噪音、强震动的厂矿企业,无超高压变电站、电气化铁道、大功率雷达站等强电磁干扰源。

(2)机房概况

福地数据中心总建筑面积达 1045 m²,配套有 UPS、风冷型精密空调、自然冷却型新风系统、集装箱型发电机组等机房;活动地板高度 500 mm,天花吊顶至活动地板高度 2600 mm。

(3)机柜情况

福地数据中心共有机柜 144 个,均为标准 19 英寸机柜。机柜摆放采用背对背、面对面的形式,使空调送风形成冷热通道,提高制冷效率;机柜的气流组织方式是正面进风,后面排风;机柜布线全部采用上走线方式;单机柜标配电力为 4.4 kW,最大可扩电力 10 kW。

(4)网络环境

网银互联福地数据中心核心网络采用 H3C CR16008 和思科 7609 双冗余汇聚,全千兆交换至服务器机柜。接入带宽为:40 G 杭州电信、20 G 杭州联通、10 G 杭州移动、10 G 杭州铁通、10 G 杭州教育网、10 G 杭州华数,和各运营商骨干网均采用多路均衡负载的互联方式,最大程度保障网络带宽质量,同时也可避免运营商单点故障影响数据中心网络。最大光纤链路带宽可扩至 160 G,在网络负载超过 70% 时会及时扩容以满足带宽需求。主要的网络安全保障措施包括:①数据中心具有 7×24 小时的全天候系统在线监控平台和流量监控平台,及时发现异常网络状况,并向管理员发出警告信息,以便迅速解决;②机房的重要网络设备采用双点备份,避免单点故障,增强网络的可靠性,还配备了智能 DNS 服务器,可以为用户提供多线域名解析服务;③采用专业高效的万兆级的抗 DoS 硬件防火墙、实时入侵检测以及漏洞检测系统,可以给客户提供定制化的个性服务,帮助用户建立安全、稳定的系统。

(5)电力系统

来自 2 个不同配电站专用电缆接入高配房,在高配房配置大功率变压器组。使用大功率发电机组,发电机备油时间为 8 小时。为机房提供断电保障。机房布置先控模块机型 320kVA-UPS 2 套,采用双总线模式输出,电池后备时间为 30 分钟。

(6)空调系统

精密空调采用风冷型机组,功率采用制冷量 100 kW 空调,风冷下送风模式;5+1 冗余模式为机房提供制冷。

(7)消防系统

消防监控系统:配置火警探测器,全方位自动监测火源机房。烟雾监测和火警装置 40 m² 一个,覆盖所有区域。机房灭火系统:机房采用感烟、感温自动火灾报警系统以及完善的七氟丙烷气体灭火系统,系统报警后 30 s 内触发,10 s 内覆盖所有机房,并可在 5 min 内使所有 IDC 机房充满灭火气体,包括 UPS 室。发电机房低倍数泡沫自动消防系统。

(8)安防设备

门禁与物理安全系统:专业监控中心 7 × 24 小时负责网络、电力、消防、安全 24 小时监控。专业保安 7 × 24 小时不间断地进行机房巡视及门卫监控。

8.2.2.3 杭州下沙数据中心

MDC 下沙数据中心由杭州网银互联科技有限公司下属控股子公司浙江网础科技有限公司投资建设,项目经过杭州市经济和信息化委员会能评技术审核通过,采用国际建设 TIA-3＋标准、GB-50174-2008A 级机房标准建设。电力装机总容量 16000 kW/h,采用两路 10 kV 专线线路供电模式,单线路最大用电负荷 8000 kW/h,实际使用按每路 4000 kW/h(50％容量)均分负载模式运行,当一路供电专线故障时,另一路供电专线支撑整个数据中心用电负荷。即一路来自上沙变,另一路来自下沙变。再配置 2000 kVA 后备柴油发电机组 8 套为后备电力保障电力,实现两路市电＋一路自备柴油发电机组三路供电模式。

(1)园区概况

园区位于杭州市下沙经济技术开发区 4 号大街 28-2 号,面积 10000 m²,建筑面积 13000 m²,分为三栋楼房,分别为数据中心楼,建筑面积 11800 m²;休闲别墅,建筑面积 900 m²;保安楼,建筑面积 300 m²。

(2)数据中心楼分布

数据中心大楼分为 5 层,每个楼层布局如下:一楼为基础设备层,面积 3500 m²。配置一楼大厅、拆包搬运调试室、有 10 kV 高压接入室、低压变电室、直流室、冷冻水主机房、发电机房、发电机水喷雾房、消控值班室、油库泵房、低压配电空调机房、消防钢瓶间等。二楼为智能办公区域,面积 1300 m²。配置公司展示区、敞开办公区、大会议室、小会议室、咖啡吧、智能监控管理中心、客户密集办公中心、2 个 VRP 工作间、智能储藏间。三楼、四楼为数据中心楼层,每个楼层面积 3500 m²。分别配置有缓冲区、UPS 间、蓄电池间、标准机柜间、汇集间、临时办公操作区、消防钢瓶间、储藏室等,四楼与三楼布局一致。五楼为电梯控制室、消防泵房、冷却塔控制室、冷却塔安装区等。总面积 300 m²,露台面积 3200 m²。

(3)休闲别墅、保安楼

休闲别墅,为园区活动场地,临时办公与临时展会接待处。保安楼为保安办公区、生活区,地下为园区消防蓄水库。

(4)系统设计技术工艺

1)供电系统设计工艺整个数据中心采用两路 10 kV 市电接入＋自备柴油发

电机组供电模式。

2)冷冻水系统设计技术工艺数据中心采用冷冻水制冷系统配置模式,配置总 1913 kW 制冷量的冷冻水主机 5 台,组成 1+1 系统 2 组,备用主机 1 台。

3)消防系统设计技术工艺所有服务器机房、UPS 主机房、蓄电池房、高低压配电机房采用七氟丙烷气体消防系统配置,发电机房采用水喷雾消防系统配置。

4)结构装饰系统设计技术工艺数据中心各个数据机房采用兴铁库彩钢板墙面装饰设计。

5)机柜系统设计技术工艺机柜系统采用上海杜尔瑞克机柜系统,按冷通道封闭设计模式安装。

6)数据中心门禁与视频设计技术工艺数据中心所有通道采用智能门口控制,通过指纹+密码、刷卡+密码、指纹+刷卡等双重认证方式才能进入授权区域。重要区域按三重认证授权模式。

7)数据中心采用 24 小时监控智能管理模式。数据中心 2 层配置有 230 平方米智能监控管理中心,实现 7×24 小时人员工作模式,按功能分布监控大楼各个区域。

8)采用省电节水绿色环保理念设计。数据中心采用绿色环保的理念设计,将整个设计理念融入至每一个系统之中。

8.2.3　技术特点

绿色数据中心主要特点如下。

8.2.3.1　设计规划——绿色

1)精密空调制冷系统:精密空调下送风,为整个机房提供制冷。布置了水喷雾装置在空调室外机处,提供室外机的快速降温速度,使精密空调用电负荷降低。

2)Free Cooling 新风制冷:当自然温度低于 16 度时,启动自然冷却新风系统为机房提供室内降温冷量,与精密空调共同作用。

3)高转换效率模块化 UPS:UPS 供电系统采用双总线控制模式,UPS 电源主机采用模块化智能绿色数字管理技术,当负载设备较少变化时管理主机根据用电负荷自动调整,不工作模块自动休眠。

8.2.3.2　机房设备——绿色

1)全覆盖机房环保隔热:顶、地面采用防尘、防静电漆＋保温棉,墙面采用铝塑板＋保温棉装饰与顶、地面保温层结合。

2)冷通道封闭:机柜摆放采用背对背、面对面的形式,使空调送风形成冷热通道(封闭冷通道),提高制冷效率。

3)智能节能照明系统:照明采用 LED 灯照明,耗电量小、产热小。

2011 年,网银互联开始涉足绿色数据中心建设。第一个自建的绿色数据中心——世纪城数据中心于 2011 年 11 月 30 日正式启动运营。通过分布式能源绿色数据中心积极尝试新能源技术以大幅度削减机房运营成本并以此降低企业信息化的服务成本,推动整个数据中心的节能减排。

8.2.3.3　运营管理——绿色

数据中心运用网银互联自主研发的云计算基础设施(IaaS)服务的产品 LinkCloud,用户可以按照需要通过 LinkCloud 平台自主实时获得资源,随时扩展和收缩资源,提升 IT 资源的利用率。

8.2.4　应用模式

8.2.4.1　LinkCloud 现状

1)系统与知识产权:国内少数几家拥有自主知识产权的运营系统的企业之一。

2)虚拟化技术:采用 KVM 虚拟化规模运营。

3)规模:服务器 145 台,云主机 1700 台。

4)客户:10000 多个注册用户,分布在全国各省市。

8.2.4.2　LinkCloud 特点

1)通过互联网提供自助式服务。

2)快速部署资源或获得服务。

3)弹性扩展和收缩。

4)按需付费。

8.2.5 发展规划

随着互联网的迅速发展及客户个性化需求的增加,未来网银互联在继续发展传统 IDC 业务基础上,将加快云计算数据中心特别是 LinkCloud 的研发和应用。LinkCloud 是网银互联旗下专注云计算基础设施(IaaS)服务的新兴品牌,其通过优秀的 IDC 基础设施、丰富的基础设施运营经验、优秀的系统开发管理能力,为客户提供高性价比、快捷、稳定的 IT 基础设施服务和体验。LinkCloud 可以被客户用来架设从简单到复杂的门户网站、网络应用、电子商务网站、游戏网站、社交网站等,并可提供弹性计算服务功能,其主要特点包括：

1)在线自助购买、取消、管理弹性计算服务器；

2)服务器计费模式支持按需计费模式(按小时计费)以及两种预付费模式：月预付模式、年预付模式；

3)带宽计费模式支持按流量计费和按带宽限制计费；

4)支持在多个城市的数据中心部署服务器并统一管理。

8.2.6 企业简介

杭州网银互联科技有限公司(Hangzhou Netbank Interlink Technologies Co.,Ltd)成立于 2004 年,主要为企事业单位提供高品质的网络基础设施服务及增值应用服务。

网银互联作为专业的中立 IDC 服务商,依托各大运营商得天独厚的网络资源优势,通过与中国电信、中国联通、中国移动、中国铁通、教科网、华数建立战略合作及业务合作,成功运营着 17 座电信级数据中心机房,这些基础设施均由高质量的数据中心和庞大的数据传输网络组成,管理的服务器数量数以万计。

在业务拓展方面,公司立足本地中小型企业,为此类客户提供个性化、全方位的托管及增值 IT 服务。主营 IDC 业务在浙江省中小型企业中占有率超过 60%,成为浙江省最大的中立 IDC 服务公司,同时也成为浙江省内除运营商外,IDC 市场中的重要补充。

自 2012 年起,公司放眼全国市场的开拓,先后在上海、广州、北京开办分公司,形成纵贯南北的业务网络,迅速提升省外业务增长幅度。目前,公司新增业务中 70% 以上来自于省外业务拓展,逐渐打造出更具多样化和持续性的业务格局。

随着互联网的迅速发展及客户个性化需求的增加,网银互联在继续发展传统 IDC 业务基础上,加大了在自主数据中心建设的投入。通过分布式能源绿色数据中心积极尝试新能源技术以大幅度削减机房运营成本,并以此降低企业信息化的服务成本,推动整个数据中心的节能减排。

8.3　世纪互联数据中心

8.3.1　概述

世纪互联经过十几年发展,形成了围绕下一代数据中心产业的四大主营业务方向,包括:基于网络和数据中心的信息服务外包,云计算技术、产品和服务,智慧能源技术、产品和服务,下一代无线互联网新技术。

8.3.2　主要内容

8.3.2.1　世纪互联富阳金桥北路数据中心

(1)地点

地处杭州富阳市金桥北路,机房总面积 500 m²,机房地面承重 800 kg/m²。

(2)网络状况可靠

富阳数据中心依靠中国电信以及中国联通强大的技术力量和网络资源,接入 20 G 电信带宽,10 G 联通带宽。富阳电信对华东、华南、湖南、湖北覆盖较好,远期规划数据中心电信线路直连杭州电信骨干。富阳联通对华东区域有一定的覆盖能力。关键网络设备和线路全部采用冗余配置,网络连通率能够达到 99.9% 以上。

(3)配电系统

提供单路高压(变压器 500 kVA×2)＋UPS＋油机供电系统。UPS 供电,最大单机 150 kVA,放电时间 1 小时,一台柴油发电机,功率 500 kW,基本上可以满足整个数据中心供电,满负荷下储油箱后备时间为 48 小时。

(4)空调系统

保证 7×24 小时维持恒温、恒湿,温度:20～25 ℃。湿度:40%～70%。12 台机房专用空调,每台制冷量 71 kW;3 台 100 kW 机房专用空调,空调主机 N+1 冗余配置。机房采用下送风风冷精密空调。

(5)安保系统

数据中心机房区、配电室等重要区域安装摄像头,24 小时全天候、全方位视频监控,切实保障用户设备安全。大楼一楼设有门卫,负责大楼 7×24 小时的安全,机房有磁卡式门禁,对出入机房的人员和设备进行日常管理。24 小时自动监控机房内的温湿度等环境状态,同时监控 UPS、精密空调、发电机等设备的运行状态。

8.3.2.2　数据中心信息服务外包

世纪互联是目前中国规模最大、知名度最高的电信中立数据中心服务外包提供商,在北京、上海、广州、浙江、西安、天津、河北、河南等地已经部署了 16 个大型数据中心机房,2010 年启动 5 个新的数据中心投资建设。2006—2008 年,连续3 年业务收入增长 324%,在中国电信中立互联网数据中心市场份额超过 30%。

8.3.2.3　云计算技术、产品和服务

世纪互联在云计算领域已经形成一系列具有自主知识产权的技术、产品和服务(包括公有云、私有云技术、产品线和服务),已经向大量用户提供云计算服务和产品,在中国云计算领域具有领先地位;2009 年获国家发改委关于云存储服务平台高技术专项支持,是北京"云计算"战略规划和北京市"祥云工程"的核心成员之一。

世纪互联具有自主知识产权的云计算技术主要有三大技术和产品体系(拥有多项专利和著作权),包括①云快线(CloudEx)系列:云主机、云存储、云备份,集群虚拟化管理平台和云服务运营管理平台;②云立方(CloudCube)系列:高密度集装箱云计算数据中心、云计算数据中心外围配套设备、云多媒体视听平台及终端产品(机顶盒);③其他云系列:云客户机终端产品、云图书馆系统、网络云监察系统。

8.3.2.4　智慧能源技术、产品和服务

智慧能源是一个新兴产业,是信息产业与能源产业深度融合、互补共赢的产

物。智慧能源涉及：节能减排、清洁能源、可再生能源、合同能源管理、绿色云计算数据中心、智能电网、物联网与泛在网等新兴领域和战略新兴产业。

世纪互联在智慧能源岛、绿色云计算数据中心、数据中心合同能源管理等方面研发出一系列具有自主知识产权的创新解决方案、技术和产品，成为中国智慧能源产业的倡导者和积极实践者。

世纪互联的主要智慧能源技术与解决方案包括：智慧能源岛，"冷热电云"四联供、绿色云计算数据中心、数据中心合同能源管理、智慧能源信息服务中心。

8.3.2.5 下一代无线互联网新技术

世纪互联在政府的引导下，与国内外众多厂商友好合作共赢；立足于各地建设起智慧产业园区，以点带动面，全面推动建立起中立的城市无线网络，建设开放接口的无线网络平台，全力打造智慧城市，全面提升和发展下一代网络的建设，提高宽带无线网络的综合交互能力。

随着加速新兴无线宽带应用和服务的兴起，世纪互联将协助政府以信息化手段改善民生，达到提升产业结构升级的目标，从根本上丰富国民的智能生活。

8.3.3 应用模式

经过十多年的努力，世纪互联已经为超过 2000 家优质的跨国公司及国内高端企业、政府用户，如中央电视台、中华人民共和国外交部、国际商业机器公司（IBM）、惠普（HP）、丰田、奔驰、宝马、谷歌（Google）、东芝、松下、华为、e 龙、中华网、土豆网、千橡网络、日本电气（NEC）、爱立信、九城、好耶广告、金融界等提供优质的 IDC 托管、BGP 网络服务、内容加速服务、管理托管服务、信息安全监控服务、容灾备份服务等互联网基础设施服务。

目前世纪互联的客户分两类：一类是像淘宝、腾讯等有节点需求的客户，这些全国性企业需要在全国范围内布点；另一类是客户的数据需要在本地存储的，就会选择本地的数据中心。

8.3.4 发展规划

未来希望政府能出台一些鼓励大数据、云计算发展的政策，以引导企业发展走向节能、环保，从而推动整个云计算产业健康发展。

8.3.5　企业简介

世纪互联是国内规模较大的综合型数据中心产业集团企业,创立于 1999 年。公司主营业务包括数据中心托管、内容分发(content delivery network, CDN)、云计算云存储、云计算集装箱式数据中心产品及解决方案等。2007 年世纪互联数据中心与世界 500 强企业、日本第二大电信运营商 KDDI 成立合资公司,重点向跨国公司提供高端企业数据中心外包服务。在摩根士丹利、摩根大通等多家国际一流投资银行的帮助下,世纪互联数据中心于 2011 年 4 月在美国纳斯达克证券交易所股票上市。

2013 年 5 月,世纪互联负责运营的微软 Windows Azure 与 Office 365 公有云服务成功在华落地。2013 年 12 月,世纪互联与 IBM 合作,将 IBM 顶级的云计算基础架构服务 SCE+(SmartCloud Enterprise+)引入中国,开启中国企业享用高价值托管私有云服务的新篇章。2014 年 4 月,世纪互联与 Unisys 合作,在中国携手推出 Unisys Edge 服务管理,在本地市场运营 Unisys 基于云的 IT 服务管理(IT service management,ITSM)解决方案。2014 年 4 月,世纪互联与富士康(Foxconn)签署战略合作协议,共同建设世纪互联电信中立第三方数据中心,合力开拓创新的云服务模式。

世纪互联于 2008 年获德勤"中国高科技、高成长中国 50 强"及"亚太高科技、高成长 500 强"称号;连续两年被福布斯评为"2009/2010 年度中国潜力企业 200 名";获国家发改委 2009 年信息安全专项、国家科技部 2008 年火炬计划、北京市科委 2008 年高新技术成果转化项目、中关村创新型高科技企业等资质认证。历年以来,世纪互联共取得了 12 项发明专利、软件著作权,拥有一系列自主知识产权的技术、服务及产品线。

世纪互联集团围绕传统数据中心外包服务、下一代云计算数据中心及智慧能源创新服务等方面,提前展开了新一代战略新兴产业的完整布局,目标是成为服务性销售收入超过 100 亿人民币、市值超过 100 亿美元的新一代信息技术战略性新兴产业骨干企业。

9 智慧城市典型应用

9.1 新华三大数据解决方案

9.1.1 概述

如今,大数据成为 IT 领域最受关注的热词之一,以移动互联网、智慧城市为代表的新一代应用产生了大量数据,催生了各行各业对大数据分析的需求。基础架构对大数据的支撑作用将变得越来越重要。

新华三集团(以下简称新华三)推出的云网融合基础架构通过 VCF 虚拟融合构架将大数据平台所使用的服务器、存储设备、网络设备等物理设备进行虚拟化,并按照大数据的要求通过云的方式重新将资源进行组合,实现定制化的大数据基础平台和大数据专用设备;其次,公司提出了网络大数据和测试大数据解决方案,实现对业务架构的优化;另外,公司针对智慧城市建设的要求,推出了数据交换解决方案和业务大数据解决方案,帮助智慧城市打通信息壁垒,发掘数据的价值。

9.1.2　主要产品

9.1.2.1　大数据基础构架平台

新华三大数据基础架构平台通过全虚拟化技术、融合控制技术,将服务器、存储设备、网络设备等物理设备进行虚拟化和池化,再通过云的方式为大数据应用提供高性能的云计算资源,做到对硬件资源的透明管理和灵活调用。主要特点如下:

1)全虚拟化融合架构,物理集成＋虚拟融合计算、网络、存储资源池统一运维管理,以利于大数据应用的快速部署。

2)采用 VxLAN/NFV 等技术构建 VDC,解决物理资源整合与虚拟资源隔离要求。实现各大数据业务之间、核心数据与外部应用之间多重安全隔离,解决数据交换和分析的安全问题。

3)通过 DRX/RAM/BSM 等技术实现计算、存储、网络资源随着业务变化自动部署、扩展。可以实现大数据业务中高并发状态下,资源的自动分配和扩展,保证大数据业务的连续性。

4)通过多级云彩虹/云点方案,按照多级架构实现多级资源互通管理。解决多个大数据业务在不同地区的资源调用和数据共享的问题。

5)通过 SDN 技术,实现业务对基础架构资源的自定义控制。通过开放 API 接口,使得大数据业务能直接调用底层硬件资源,实现业务对基础资源定制化管理。

9.1.2.2　大数据融合一体机设备

新华三公司利用在基础架构上的优势,推出了集成计算、存储、网络、安全的一体化设备,同时灌装了大数据应用,推出了大数据一体机设备。一体机设备有如下优势:

1)高度定制化:按照大数据应用场景的不同,灌装不同的大数据软件,调整计算、存储和网络的配置,实现硬件和软件的高度契合。

2)整合交付:一体机不仅仅包括新华三能提供的硬件和软件,还基于华三的深价契合战略,集成丰富的行业大数据应用系统,作为一个整合系统交付,并且整个系统的软件硬件经过厂家验证、调优,客户直接买回去就可以做到开机即用,方便大数据业务的部署。

3)模块化融合架构:采用模块化一体化设计,整合网络、计算、存储、虚拟化和云资源管理,既可以作为一个独立的系统,也可以多个一体机形成集群系统,以适应不同大数据规模的使用。

4)高密集成:一体机由超高密度的网络、计算、存储节点构成。如 UIS 系统,可以节省 77% 的机房占用空间,26% 的设备功耗,90% 的线缆。这对海量数据分析业务的超大型数据中心的日常运维有重大意义。

9.1.2.3　智慧网络大数据分析平台

通过使用大数据技术,对传统网络流量监控管理技术进行优化,能够处理更多更复杂的实时流量数据,进而满足日益增长的网络流量压力。同时立足于网络,解决大数据分析中仅能分析历史数据,对实时数据分析能力不足的缺陷,为决策者提供更加及时准确的判断依据。通过对网络流量数据的大数据分析,实现针对具体业务的基础架构层的优化。

9.1.2.4　测试大数据分析平台

针对研发体系的测试工作构建的大数据分析平台,利用大数据快速分析的优势对多年积累的产品缺陷数据进行分析,提供版本质量预测、动态智能分析、测试用例优化、相关问题单推荐、人力投入决策等多维度信息,指导测试体系各团队的工作优化。

9.1.2.5　智慧城市数据交换和共享平台

数据交换共享平台是采用国内外最新技术,提供数据交换共享平台,解决当前政府电子政务建设的分散、孤立状态,打破信息"孤岛",实现跨地域、跨机构、跨业务领域的数据交换和资源共享。数据交换共享平台解决了交换的实时性、数据的准确性、传输的可靠性、大数据量传输、功能的完备性、接口的可配性、交换的可控性等问题,可满足当前政府横向机构之间的协同作业的需求、城市级信息资源共享与利用的需求、电子政务深度应用与发展的需求。

9.1.2.6　公共信息大数据处理平台

H3C 公共信息大数据处理平台,将大数据基础架构平台部署在服务器集群上,在开源 Hadoop 系统的基础上提供一站式安装服务,以及图形化的管理工具,包括部署、监控、管理、诊断和性能显示界面。另外,用户可以根据自己的需求选配各种组件，架构如图 9-1 所示。

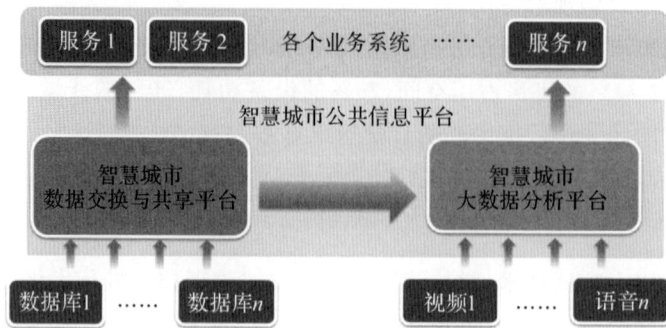

图 9-1　H3C 公共信息大数据处理平台

9.1.3　主要技术

9.1.3.1　VCF 虚拟融合架构

当前由云端、网络、终端组成的 IT 基础架构，正经历着巨大的技术变革，以 BYOD 技术正将 IT 终端从传统的 PC 向智能化可移动终端演进。传统数据中心向云转变，实现计算资源的弹性扩张，随需交付，应需而动。

而如何实现大数据应用在云中的部署，如何实现各种终端基于安全策略获取相应的应用服务，成为 IT 需要关注的内容，而 H3C VCF 架构解决方案，将成为新 IT 的解决之道。

H3C VCF 架构解决方案的整体架构自底向上可分为基础架构层、融合控制层和资源管理层三个层面。

（1）基础架构层

基础承载层，包括端点、网络、计算、存储的基础设施，涉及 IT 基础架构的全部设施，在网络部分不仅包含传统网络，而且增加了新网络技术如 OpenFlow 网络、NFV 网络、Overlay 网络；终端实现了从传统 PC 到智能终端（Apple IOS，安卓，Windows 8）的管理；数据中心部分包含了服务器及其 Hypervisor 系统、存储、网络的集成和整体交付。

（2）融合控制层

融合控制层，包括 VCFC，VCF-EIC，VCF-CIC，分别实现对网络、终端、云计算的软件定义。

其中，VCFC 是 H3C SDN Controller，提供了对于传统经典网络、OpenFlow 网络、Overlay 网络、NFV 网络的支持，实现了对网络的集中控制，更重要的是提供了基于 OF 的各种 SDN APP，实现 SDN 的价值，如软件定义的 L2，L3，QoS，TE 转发 APP，Overlay 转发 APP，服务链 APP，SDN APP 的大规模集群架构，以及基于 VCF Controller SDK 的第三方 APP。

VCF-EIC 实现了终端的软件定义，实现对终端(不限于设备，还包括 iNode 软件，IOS 软件等形态)的安全认证，健康检查，MDM 和 MAM 的集中管理 (MAM 可以根据策略实现应用在终端的推送和擦除)。

VCF-CIC 实现了云计算的软件定义，实现 VM 的创建、迁移、克隆、快照等集中管理功能。

(3)资源管理层

资源管理层，实现了面向大数据应用的资源虚拟化，实现对于计算、存储、网络等资源的统一自动化编排，以及资源的按需交付，应需而动。

基于 OpenStack，原有的 H3C iMC 平台不仅仅实现网络业务编排，而且可以支持计算、存储、数据库、安全、DNS 等各类资源申请、管理以及业务编排，为大数据 IT 基础设施建设提供全套的运维、服务、管理、监控服务。

基于资源管理层，提供 Open API，支持基于 iMC，VCF，SDK 的第三方 APP，支持第三方软件对接，支持应用联动需求。

(4)H3C VCF 架构对大数据基础设施的价值

数据中心作为大数据的基础设施建设的重点，其规划与设计不仅要满足业务需求，还会影响整个业务架构，实现企业的业务再造，甚至推动业务架构的完善和管理变革。

公司认为，大数据 IT 基础架构的发展和演进会依次走过标准化、虚拟化、自动化、业务驱动这几个阶段，最终完成向云模式的转变。

标准化(standardization)，实现企业 IT 基础设施的资源整合，基础设施结构化、模块化、标准化，基本实现企业 IT 资源整合及基础设施标准化。

虚拟化(virtualization)，通过服务器虚拟化、存储虚拟化、网络虚拟化，进一步降低成本，提升灵活性和资源利用率。

自动化(automation)，部署自动化、资源管理自动化，实现弹性扩展，提高业务敏捷性。

业务驱动(service-driven)，或者称为服务驱动，应用部署驱动，全新的资源交付模式和管理方式，通过自服务门户、运营工作流，完成面向应用端到端的资源统一交付、跨领域业务编排,实现大数据云。

H3C 的 VCF 构架,正是通过软件定义架构,实现了大数据应用在 IT 系统(服务器、存储、网络、终端系统)的协同部署,智能化的自动化部署,实现更加高效、便捷的新 IT 架构。

9.1.3.2 基于大数据的云计算解决方案

H3Cloud 云计算解决方案涵盖了网络、云软件、计算和存储四大类产品。在以太网和云计算相关技术基础上,帮助用户实现数据中心资源的高效利用、虚拟化环境下的云网融合、自助式云服务和基于混合云理念的资源动态扩展等功能。此外,H3Cloud 云计算解决方案还为不同用户提供了丰富的行业应用选择。结合 H3C 本地强大的研发、实施能力和贴心周到的服务,带给用户"一站式"的"交钥匙"交付体验。

(1)融合基础架构

H3Cloud 云计算解决方案通过标准的 IEEE 802.1Qbg(EVB)技术,将网络管理边界延伸至虚拟机和虚拟交换机。从根本上解决了服务器虚拟化之后虚拟机流量不可视、网络管理边界模糊等问题,真正实现了虚拟机流量监控、虚拟机网络策略控制、虚拟机迁移时网络策略跟随等功能,使虚拟机乃至数据中心在安全、可视、可监管的环境下运行。

(2)高可用虚拟化平台

H3Cloud 云计算解决方案提供了高可用的虚拟化平台,可以有效精简数据中心服务器数量、整合数据中心 IT 基础设施资源,从而简化 IT 操作、提高管理效率,达到提高物理资源利用率和降低整体拥有成本的目的。此外,还提供了完备的高可用性、动态资源调整、动态资源扩展等高级功能,可确保数据中心健康、稳定运行。

(3)自助式云服务

H3Cloud 云计算解决方案将虚拟资源以消费单元(组织或虚拟数据中心)的形式对外发布,IT 部门能够通过完全自动化的自助服务访问,为用户提供对应的消费单元以及包括虚拟机和操作系统镜像等在内的基础架构和应用服务模板。这种自助式的服务真正实现了云计算的敏捷性、可控性和高效性,在极大程度上提高了业务的响应能力。

(4)混合云彩虹

H3Cloud 云计算解决方案能够将用户内部二级云、总部云与第三方公有云进行有效融合,实现资源在用户内部的上下级互通以及由私有云到公有云的动态扩展。混合云彩虹主要解决了私有云数据中心灾备、突发和扩展这三方面问题。

对于有灾备需求的数据中心,H3Cloud 混合云彩虹可以提供一种经济、高效的灾备方案,即搭建一道跨越私有云和私有云、公有云和私有云之间的"彩虹",用户可以借助"彩虹"将私有云中的数据从一个私有云备份到另一个私有云,也可以备份到如运营商、互联网公司建设的第三方公有云中,并能在需要的时候将备份数据恢复到指定私有云当中。因此,用户只需租用性价比较高的公有云空间,就可以实现灵活的灾备,而不必新建专门的灾备中心。

除此之外,混合云"彩虹"方案也提升了用户应用业务的可扩展性及抵御突发情况的能力,比如,在某一时刻或者某一时段某项业务突发访问量较大,现有的数据中心处理能力无法满足访问对计算资源的需求,用户就可以把该业务扩展到其他私有云或者第三方公有云中,借助外部资源实现数据中心资源的扩展。

(5)易交付的行业应用

数据中心承载着用户的业务和应用,在数据中心虚拟化之后,用户往往面临应用软件与虚拟环境的兼容性问题,这些问题阻碍着数据中心的健康运行。

H3Cloud 云计算解决方案除了提供给用户高性能的软、硬件设备外,还与合作伙伴一起给用户带来丰富的应用选择,如云网盘、电子书包等特定应用,这些应用都是经过 H3C 验证的,用户可以直接下载专属虚拟机进行部署,从而消除兼容性隐患。

9.1.3.3　融合数据中心

数据中心是数据大集中而形成的集成 IT 应用环境,是各种业务的提供中心,是企业信息化、云计算、大数据及智慧城市建设的基础。近年来,数据中心建设成为全球各行业的 IT 建设重点,国内数据中心建设的投资年增长率更是超过 20%,金融、制造业、政府、能源、交通、教育、互联网和运营商等各个行业正在规划、建设和改造各自的数据中心。随着企业信息化的深入和新技术的广泛使用,传统数据中心已经无法满足后数据中心时代的高效、敏捷、易维护的需求。

H3C 作为全球 IP 领域领导厂商,在数据中心领域有着丰富的建设经验和技术积累;同时,面对信息技术发展的新挑战,H3C 创新性地推出了融合数据中心解决方案。融合数据中心方案包括融合网络、融合计算以及融合管理,真正实现用户 IT 系统的高可用、高可靠、高性能、高扩展、业务自动化编排、业务自适应以及易管理。

H3C 融合数据中心解决方案涵盖了以下三大部分:

1)融合网络:通过完善的网络虚拟化技术 IRF,VCF 和 MDC,简化了网络拓扑和管理节点,使网络架构变得更为简单,易于扩展。采用标准的融合增强型以太网(convergence enhanced ethernet,CEE)技术,将传统数据中心三张异构网络—后端存储网络、前端交换网络和高性能计算网络,融合为一张统一的交换网络,消除了数据交换层面的障碍,有效地减少了用户投资,并使虚拟资源的迁移成为可能。针对多数据中心场景,H3C 提出了分布式数据中心解决方案,可以根据用户业务情况实现不同程度的多活场景,实现了真正面向应用的数据中心解决方案。H3C 的 OAA 开放应用架构,将网络、安全和应用优化进行物理和逻辑上的融合,使各种应用的安全、优化与业务可以无缝地部署在数据中心之上;保证各种新业务和应用的平滑部署和升级,满足用户的多变需求,降低维护成本,保证数据中心的安全性和业务连续性。针对多租户数据中心的应用场景,H3C 基于融合网络解决方案可实现灵活扩展,根据用户需求提供不同的网络服务,为多租户提供个性化的定制服务。

2)融合计算:伴随着云计算技术的日益成熟,虚拟化成为云计算领域的一个关键技术。H3C CAS 云计算管理平台是为企业数据中心量身定做的虚拟化和云计算管理软件。借助 H3C 强大的研发与产品优势,以及以客户为中心的服务理念,H3C CAS 云计算管理平台可以为企业数据中心的云计算基础架构提供业界最先进的虚拟化与云业务运营解决方案。H3C CAS 云计算管理平台融合了H3C 在网络安全领域多年的积累,通过对 IEEE 802.1Qbg(EVB)标准的支持,为虚拟机在安全、可视、可监管的环境下运行奠定了坚实基础;创新的动态资源扩展、高可用性、动态资源调度等功能为虚拟化平台提供了简单易用、成本低廉的高可用管理模式;自助式云服务通过弹性的虚拟资源池为组织和用户提供了安全、隔离的逻辑资源,极大地提高了 IT 业务的响应能力。

3)融合管理:H3C iMC 数据中心管理解决方案在融合 SNMP,RADIUS,NetStream,ITIL 等各种管理技术的基础上,结合现有的实际情况和管理工具,提供了一体化、可视化的基础设施管理,虚拟化、自动化的 IP 资源管理,多维度、新模型的应用和流量管理,规范化、可衡量的 IT 运维流程管理,实现了管理平台、流量分析、行为审计、安全设备等各种资源之间的智能联动,为实现基于用户、开放式、自动化、智能化的数据中心管理打下了基础,为数据中心资源的动态调配、编排提供了保障。

9.1.3.4　H3C 融合构架设备

(1)H3C CloudPack 云业务系统

随着企业信息化水平的不断提高,用户在搭建数据中心或者上线某项业务时,需要配备的主要组件有:服务器、网络、存储、虚拟化软件、云管理软件等。在传统搭建过程中,用户需要对每一项组件进行分别选型、采购,而且还需要考虑不同品牌软、硬件设备之间的兼容性、运行效率等问题。随之产生的服务、维保及涉及多厂商之间协调的问题会极大地影响数据中心及业务的正常运行。那么,在搭建数据中心或者上线业务的过程中,如果有一种包含服务器、网络、存储、虚拟化软件、云管理软件一体化的交付方案,就能够极大地简化业务上线过程、管理及后期运维服务工作。

H3C 公司基于对用户需求的深刻理解,将自身产品线进行优化整合,推出了面向云计算服务类型中 IaaS(基础设施即服务)层整体交付的 CloudPack 云业务系统。CloudPack 云业务系统能够很好地解决用户在 IT 部署中面临的挑战,带来 IT 部署方式的转变。

CloudPack 云业务系统提供了大数据云计算服务模型中 IaaS 层的一体化交付,将用户搭建数据中心所需的基础设施,如服务器、网络、存储、虚拟化软件、云计算管理软件等,集成到一个定制的机柜当中。它是 H3C 专门为云计算时代而定制推出的整体交付方案,其中融入了大量的云计算相关特性,是云资源在可管理的状态下运行。当用户需要搭建数据中心或上线某项应用时,可以为用户提供一体化的"IaaS"交付。可以实现整套解决方案在用户处"开箱即用"而不必担心不同品牌兼容性问题,同时,H3C 提供的统一售后服务,也解决了用户对于不同厂商难以协调的后顾之忧。

(2)H3C UIS 统一基础架构系统

云计算为用户的业务以及运维模式带来了巨大的改变,同时也对 IT 基础架构提出了新的要求。目前,用户 IT 基础设备及管理普遍割裂严重,硬件设备相互独立且被不同的管理平台管理,节点设备众多,造成功耗大、线缆互联混乱、管理复杂等众多问题。随着云计算虚拟化软件的部署,数据中心 IT 模型发生巨大变化,IT 的复杂度成倍增加,逐渐超出了信息部门的管理能力,造成极大的运维工作量及压力,管理成本也越来越高。因此,云计算基础设施的无缝融合、统一管理,基础架构平台一体化的交付和运维已经成为当前的迫切需求。

H3C UIS 统一基础架构系统是 H3C 面向云计算基础设施层推出的融合基

础架构产品。单个机框内可融合多款刀片服务器、大容量刀片存储、高性能刀片网络模块，并具备全虚拟化能力，通过 VEPA、融合端口、vStor 等技术进一步实现了虚拟资源之间的深度耦合联动，再配合 H3C CAS 云计算管理平台软件，UIS 单框就可以提供云计算所需的所有基础架构资源。

(3)H3C CloudCell 云业务单元

H3C CloudCell 云业务单元是 H3C 专门为云计算环境定制推出的整体交付产品，它采用在 H3C FlexServer 系列服务器基础上预装了 H3C CAS 云计算管理平台的软件，经过了出厂前一系列的测试优化，是已验证、已优化、已测试的软硬件一体化的云基础架构，具有开箱即用、效率提升、功能优化和一站式运维等特点。H3C FlexServer 系列服务器采用最新架构的 CPU，支持大内存和大 RAID 缓存，具有一系列技术创新，如 Smart Storage，Smart Array，Smart Drive 等，是 H3C 专为云计算环境设计的计算单元。H3C CAS 云计算管理平台基于业界领先的虚拟化基础架构，融合了 H3C 在网络安全领域多年的技术积累，通过对 IEEE 802.1Qbg(EVB)标准的支持，为虚拟机在安全、可视、可监管的环境下运行奠定了坚实基础；创新的动态资源扩展、高可用性、动态资源调度等功能为虚拟化平台提供了简单易用、成本低廉的高可用管理模式。

H3C CloudCell 云业务单元使服务器融入了大量的云计算相关特性，实现了业务系统的高可用性和资源的动态调度。H3C CloudCell 使用户从烦琐的设备选型、采购等环节中解放出来，从而将更多的精力投入到自身业务的规划当中。H3C CloudCell 的虚拟化软件预装，也解决了软件和硬件的兼容性问题，加上 H3C 提供的统一售后服务，极大地解决了业务管理运维的困难。

9.1.3.5　网络流量监控分析技术

网络流量分析一般有两种处理方案：

1)由网络设备截取流量报文，并在设备本地对流量报文进行归类分析，读取流量报文中如 IP 地址、TCP 协议端口号等信息，将分析结果发送给服务器端进行汇总。代表技术如 SFlow 等。

此种方案的优点在于可以在大量网络设备上进行同步分析，服务器端仅处理汇总结果，可以减轻设备与服务器间监控网络的流量压力，以及服务器端分析计算的压力。但缺点是大量的分析计算工作交给网络设备进行，由于网络设备的处理能力有限，造成分析结果粗糙、无法定制化处理、可编程能力差的后果。

2)由网络设备将实时流量镜像拷贝到集中的服务器上,服务器再对其进行分析处理,并直接反馈分析结果。代表技术如 NetStream 等。

此种方案的优点在于网络设备只做镜像拷贝,计算压力小,服务器分析流量算法可以编程,灵活度高,分析更深入。缺点是由于只能将流量发到集中的服务器处理,对服务器造成的数据流量和计算压力都很大。

网络大数据分析技术,仍采用第 2 类传统流量监控分析技术方案,但通过结合下面的分布式计算存储技术,可以解决集中处理对服务器侧的压力问题。

9.1.3.6　公共大数据处理技术

H3C 公共大数据处理技术使用开源的 Hadoop 平台,并在开源平台的基础上开发配置管理工具,涉及的技术有:HDFS,MapReduce,Hive,Pig,ZooKeeper,Mahout,Sqoop,HBase 等。另外,管理工具使用 JAVA 开发。下面简要介绍各个技术。

1)HDFS:Hadoop Distributed File System,是一个分布式文件系统。HDFS 有着高容错性(fault-tolerant)的特点,并且设计用来部署在低廉的(low-cost)硬件上。而且它提供高吞吐量(high throughput)来访问应用程序的数据,适合那些有着超大数据集(large data set)的应用程序。HDFS 放宽了(relax)POSIX 的要求(requirements),这样可以实现流的形式访问(streaming access)文件系统中的数据。HDFS 是 Hadoop 系统的文件系统,是 Hadoop 系统的重要组成部分。

2)MapReduce:MapReduce 是一种编程模型,用于大规模数据集(大于 1TB)的并行运算。概念"Map(映射)"和"Reduce(归约)"的主要思想,都是从函数式编程语言里借来的,还有从矢量编程语言里借来的特性。它极大地方便了编程人员在不会分布式并行编程的情况下,将自己的程序运行在分布式系统上。当前的软件实现是指定一个 Map(映射)函数,用来把一组键值对映射成一组新的键值对,指定并发的 Reduce(归约)函数,用来保证所有映射的键值对中的每一个共享相同的键组。MapReduce 是 Hadoop 的主要计算框架。

3)Hive:Hive 是披着 SQL 外衣的 MapReduce。Hive 是为方便用户使用 MapReduce 而在外面封装了一层 SQL,可以将 SQL 语句转换为 MapReduce 任务进行运行,十分适合数据仓库的统计分析。由于 Hive 采用了 SQL,它的问题域比 MapReduce 更窄,因为很多问题,SQL 表达不出来,比如一些数据挖掘算法,推荐算法、图像识别算法等,这些仍只能通过编写 MapReduce 完成。

4)Pig:Pig是一种编程语言,它简化了Hadoop常见的工作任务。Pig可加载数据、表达转换数据以及存储最终结果。Pig内置的操作使得半结构化数据变得有意义(如日志文件)。同时,Pig可扩展使用Java中添加的自定义数据类型并支持数据转换。

5)ZooKeeper:ZooKeeper是Hadoop系统的一部分,它是一个针对大型分布式系统的可靠协调系统,提供的功能包括配置维护、名字服务、分布式同步、组服务等。ZooKeeper的目标就是封装好复杂易出错的关键服务,将简单易用的接口和性能高效、功能稳定的系统提供给用户。

6)Sqoop:Sqoop是一个用来将Hadoop和关系型数据库中的数据相互转移的工具,可以将一个关系型数据库(例如MySQL,Oracle,Postgres等)中的数据导进到Hadoop的HDFS中,也可以将HDFS的数据导进到关系型数据库中。

7)HBase:HBase是一个分布式的、面向列的开源数据库,HBase在Hadoop之上提供了数据存储的能力。HBase可以作为Hadoop系统的一部分。

8)Mahout:Mahout可以提供一些可扩展的机器学习领域经典算法的实现,旨在帮助开发人员更加方便快捷地创建智能应用程序。Mahout包含许多实现,包括聚类、分类、推荐过滤、频繁子项挖掘。Mahout可以整合进Hadoop中,为数据分析服务。

9.1.3.7 应用现状

(1)大数据基础架构平台的使用情况

公司的云网融合大数据基础架构已经被广泛地用于各行各业的项目中,为各行业构建大数据基础构架平台,如阿里、百度、腾讯、浙江省政务云、国家税务总局、用友软件、东风汽车、海南航空、上海交通大学、江苏省中医院、韩国国家电算与信息中心等。

(2)大数据融合一体机的使用情况

华三针对大数据应用推出了一体机设备,将大数据各功能模块直接灌装在一体机设备里,让大数据的部署变得简单。现在一体机设备已经广泛用于:宁波市智慧健康项目、吉林省质监局、浙江药监局数据中心、许昌公安局云计算中心、安徽省政务云、莆田市卫生局、天津大学等。

(3)网络大数据分析的使用情况

当前还没有厂家触及网络大数据分析应用,传统的网络厂商能够实现网络流量监控技术,但处理性能一直是瓶颈,无法完成云计算中大规模数据流量的实时监控分析工作。

而新兴的大数据软件厂商,对网络技术的理解有限,也大都只能处理服务器侧的历史存储数据,无法对网络中的实时流量数据进行有效分析。

(4)测试大数据的使用情况

测试大数据分析平台已在测试体系全面推广,产品经理每月对版本缺陷进行分析,根据预测模型调整测试人力;测试经理挖掘产生缺陷较多的用例,在不同版本上进行覆盖,对非测试用例发现的高价值问题进行用例补充;测试人员在提单后,系统根据预设偏好自动推送相关问题单,开阔思路。此外,提供测试工作日志分析,测试工具使用情况统计等功能。

(5)公共信息大数据平台的使用情况

H3C 大数据平台应用很广泛,目前已有的应用有:

1)为某高校建立了大数据平台,该平台由数百台服务器组成,用于大规模图像处理分析;

2)在某区县智慧城市项目中,数百台服务器组成大数据平台,用于智慧医疗、智慧交通等领域的数据分析;

3)某智慧园区大数据一体机项目,该智慧园区利用大数据一体机分析平台,为园区企业提供各种智慧服务推荐,形成了良好的生态圈。

9.1.3.8 发展规划

公司大数据业务的目标是提供基于云计算的大数据处理平台,提供完整的基于云计算的大数据处理方案。为了达到这个目标,需要研究最新的技术动态,完全掌握开源技术。因此,公司积极参与开源社区的项目,在开源项目中贡献自己的力量,发出自己的声音。

同时,为了提供各个智慧行业的大数据解决方案,H3C 还计划与各行业的数据分析合作伙伴合作,将各行业的数据分析软件整合进 H3C 大数据平台中,向行业用户提供完整的行业大数据解决方案。

基于 Hadoop 的 MapReduce 计算框架不足以支撑所有的大数据处理,公司计划研发新的计算框架,包括内存计算、流计算和图计算等框架。内存计算目前考虑使用 Spark,流计算考虑使用 Storm,图计算考虑使用 graphX。如果这些计算框架还是无法满足特定的需求,考虑继续引入新的计算框架。同时,针对这些新的计算框架,在大数据处理平台中整合进新的工具,例如 Shark(Spark 的 HIVE),Bagel(图计算工具)等。甚至,如果 YARN 也无法满足应用需求,则考虑推出基于 Meso 的大数据分析平台。

公司在网络方面有深厚的积累。目前，对于网络设备运行维护的大数据分析处理需求日益旺盛，公司考虑在时机成熟时，在大数据平台的基础上，通过与分布式计算存储技术相融合，开发出新一代应用于云计算的大规模网络流量数据实时监控分析工作。针对行业云的应用技术需求，为政务云、医疗云、教育云和交通云等不同业务需要提供定制化可编程的针对性网络大数据分析平台产品。针对不同系统应用对数据的需要，与第三方大数据分析软件厂商互相配合，完成网络大数据的上层分析接口对接，从而实现更深层次的数据分析挖掘。

近年来，公司在产品质量保证方面做了大量工作，在产品测试领域积累了大量的数据，并计划在大数据平台的基础上，建立精准的产品质量预测大数据模型，提供多维度的输入参数，向管理层提供决策依据。对测试设计的分析更加智能化，通过数据比对系统自动提出优化建议。增强实时分析功能，迅速关联相似度最高的问题单，提高问题定位的效率。同时，通过将测试大数据平台产品化，实现向传统制造业推广，为业界提供完整的测试大数据解决方案。

9.1.3.9　企业简介

新华三是全球领先的新 IT 解决方案领导者，致力于新 IT 解决方案和产品的研发、生产、咨询、销售及服务，拥有 H3C 品牌的全系列服务器、存储、网络、安全、超融合系统和 IT 管理系统等产品，能够提供大互联、大安全、云计算、大数据和 IT 咨询服务在内的一站式、全方位 IT 解决方案。同时，新华三也是 HPE 品牌的服务器、存储和技术服务的中国独家提供商。

公司以技术创新为核心引擎，新华三 50% 的员工为研发人员，专利申请总量超过 7600 件，其中 90% 以上是发明专利。2016 年新华三申请专利超过 800件，平均每个工作日超过 3 件。

根植中国，作为新 IT 的引领者和新经济的推动者，新华三长期服务于运营商、政府、金融、电力、能源、医疗、教育、交通、互联网、制造业等各行各业，将卓越的 IT 创新与全社会共同分享，加速社会向信息化和智慧化的迈进步伐，助推新经济快速发展。

服务全球，新华三产品已广泛应用于近百个国家和地区，尤其是欧洲和北美市场，客户包括沃达丰、西班牙电信、瑞士电信、可口可乐、梦工厂、法国国铁、俄罗斯联邦储蓄银行、三星电子、巴西世界杯等。

9.2　鸿程大数据管理系统及数据分析平台

9.2.1　概述

浙江鸿程计算机系统有限公司主要依托公司在大数据技术、应用及电信业务方面的积累,构建电信大数据管理系统及数据分析平台,通过对电信日志数据(包括 DPI 上网行为日志和信令日志)的整合分析,形成行为标签和用户画像,并在此基础上对内提供精确营销等应用,对外提供数据调用、精准广告、行业咨询等大数据服务。

9.2.2　主要内容

对电信海量数据处理的过程中涉及复杂的数据集成、数据存储管理、分析挖掘等步骤,而传统的电信数据仓库技术无法有效存储日益增长的新型的业务数据。新的电信大数据管理系统及数据分析平台要解决这些问题就要从整体体系上进行变革,鸿程采用 Hadoop 开源大数据处理技术作为基础架构,整合公司在大数据方面的历史积累,包括 ETL、分布式搜索、数据挖掘、混合数据管理等成果,并结合相关的创新性研发来构建电信大数据管理系统及数据分析平台。

大数据管理及数据分析平台自底向上可以划分为数据集成、数据存储及计算、数据管理、数据分析、数据应用及展现五大部分。数据集成层主要包括 ETL、互联网数据采集、日志数据采集等;数据存储及计算层主要是基于 Apache 的 Hadoop,HBase,Spark 等开源软件进行二次开发;数据管理层主要包括大数据实时查询、统一搜索、混合数据管理三个部分;数据分析层主要是提供分析挖掘、日志数据分析处理、大数据可视化分析三个功能;数据应用及展现层以数据分析层为基础,借助大数据可视化技术向用户提供直观有效的数据展现方式。

9.2.3 主要技术

9.2.3.1 高性能大数据实时查询技术

大数据实时查询技术主要是基于 Cloudera 公司的 Impala 开源软件进行二次优化提升,围绕集群部署监控、查询处理、查询解析和查询接口四个方面展开。其中,集群部署监控提供集群状态监控、集群元数据管理、集群部署管理、数据多副本以及一致性控制等功能。查询处理主要包括分布式查询处理、查询优化、本地查询处理三个部分,是实现面向电信业务的大数据实时查询平台的核心技术。查询解析为 HiveQL 提供语法检测和语义检查功能。查询接口为应用提供Shell、基于 Web 的大数据实时查询工具、ODBC API、JDBC API 四种不同的查询接口,以满足电信大数据 OLAP 分析和面向电信的 DPI 数据处理等各种应用需求。

(1)集群状态监控

1)运行状态监控:运行状态监控采用集中式运行状态监控模型,节点的运行状态分为 FAILED,SUSPECTED,OK 和 UNKONWN 四类。集群中的所有节点需在运行状态监控器注册,运行状态监控器向所有注册的节点发送心跳信息,心跳信息支持时间和次数两种标准。

2)资源监控模型:资源监控模型采用集中式资源监控模型,通过周期性推送方式驱动资源信息的传递,减轻了中心节点的压力,同时提高了请求的响应速度。采用传统的 C/S 架构,主要包括服务端和客户端两个子模块。服务端位于集群的中心节点,提供客户端信息的注册和删除、资源信息的收集以及查询等服务,客户端部署在集群的各节点之上,负责资源信息的采集和传送。资源监控模型首先按指定的服务模式初始化服务端并等待客户端的注册,通常服务端提供多线程、线程池以及异步响应三种模式。

(2)集群元数据管理

系统拟将集群的元数据信息保存在关系型数据库中,每隔一段时间,或当用户手动刷新时,各节点读取底层存储的元数据信息,并将其保存到指定的关系型数据库中。拟保存的信息主要有:所有表的基本信息(表名、表中数据条数)、表字段信息(字段名、字段类型、字段序号)、表分区信息、序列化反序列化信息(如行分隔符、列分隔符、NULL 的标识符)等。

（3）集群部署管理

1）集群部署：首先，选择需要进行部署的节点，输入端口号、内存占用等参数信息，然后对所选节点分配角色（如作为元数据存储节点、查询节点等），确认无误后提交，最后由安装部署工具自动进行部署、配置分发等工作。平台部署成功后，用户也可以添加新的节点或修改已部署节点的角色信息。

2）集群节点动态管理：集群节点动态管理系统拟支持集群节点的动态增删功能及角色变更功能。当集群节点变更时，数据可能会发生移动。系统会根据数据分布情况及当前集群的负载，采用 Hadoop 的数据迁移算法进行数据的迁移。

（4）数据多副本及一致性控制

1）数据块动态多副本：首先，分布式查询协调器记录所有物理数据块的访问情况。然后，副本控制器对所有物理数据块的访问情况的记录进行分析处理，建立所有逻辑数据块的热度模型。最后，如果副本控制器发现某个逻辑数据块的热度超过其副本数所能提供的最大热度限制，就增加这个逻辑数据块的副本数。

2）一致性控制：用户根据自己的需要选择强一致性控制或者弱一致性控制，默认情况下是强一致性。在强一致模型中，首先要判断是不是写操作，如果不是，就可以直接执行。如果是，就需要查看是否有其他未完成的涉及相同逻辑数据块的操作，如果没有，就可以执行写操作。如果有其他操作，就需要等待，直到其他操作完成。

在弱一致模型中，首先要获得最新的副本，然后判读是不是写操作，如果不是，就可以直接执行。如果是，就需要查看是否有其他操作，如果没有，就可以执行写操作。如果有其他操作，就需要等待，直到其他操作完成。

9.2.3.2　基于特征模型的自学习文本数据挖掘技术

文本数据挖掘技术主要完成对爬取网页正文内容的自动分类、自动摘要、倾向性分析等功能。共分为两大流程：训练流程及处理流程（见图 9-2）。训练流程主要完成文本的特征筛选统计、特征模型生成及文本分类器训练并生成分类模型等功能，为后续处理网页提供模型参考及判断依据。处理流程则根据训练流程产生的训练模型，对处理网页进行文本向量化、文本分类、文本聚类及自动摘要等操作，并将结果输出、保存到数据库中。

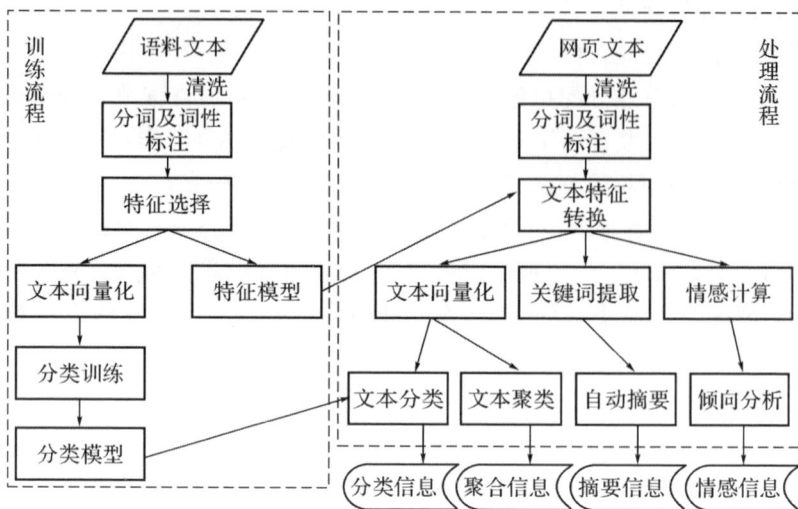

图 9-2　文本分析处理模块整体流程

9.2.3.3　基于智能爬虫的互联网信息采集技术

互联网信息采集技术是在 Nutch 的基础上,实现动态网页采集、网络爬虫运行策略、网络爬虫状态监控等功能。

(1)动态网页采集

采用基于 JavaScript 脚本解释引擎的动态网页采集方案,主要包括 4 个模块:页面分析模块、JavaScript 解析模块、DOM 支持模块、提取文本及 URL 模块。

(2)网络爬虫运行策略

1)选择策略:采用限定跟随链接、URL 标准化、路径升序等方法对网页进行有选择的爬取。

2)重访问策略:爬虫的目标是尽可能高地提高页面的新鲜度。产品在统一策略和正比策略的基础上,运用了一种新的重访问策略。这里统一策略是指使用相同的频率,重新访问收藏中的所有的链接,而不考虑他们的更新频率;正比策略是指网页访问的频率和网页变化的频率直接相关,变化越多的网页,对其重新访问的频率也越高。以平均新鲜度方式进行衡量,统一策略在模拟页面和真实的网络爬取中都比正比策略出色。因为当一个页面变化太快的时候,爬虫将会不断地尝试重新爬取,从而浪费很多时间,却不能保证页面的新鲜度。而为了提高页面的新鲜度,变化太快的页面将永远达不到最佳状态。

最佳的重新访问策略既不是统一策略,也不是正比策略;保持平均页面新鲜度高的最佳方法策略包括忽略那些变化太快的页面,而保持页面平均过时性低的方法则是对每一页按照页面变化率单调变化的策略进行访问。假设互联网上所有的页面价值都是不一样的,新的重访问策略拟以正比策略为基础,设定最小频率和最大频率,同时把网页权重作为调整爬取频率的因素之一。

(3)网络爬虫状态监控

检测网络爬虫爬取状态:当网络连接发生故障或网站对 IP 地址屏蔽时,判断爬取状态存在异常。

检测网页内容解析状态:通过 Dom 选择器或正则匹配方法对内容进行解析。当正则匹配出现死循环、URL 地址改变或者内容发生改变,则判断正则匹配方法出现异常。正则匹配开始时进行计时,如果在预定时间未收到解析结果,则判断出现了正则匹配死循环。

9.2.3.4 基于标签体系的客户画像生成技术

客户画像生成技术结合业务需求,利用挖掘算法构建分析挖掘模型,通过对客户行为进行分析来了解客户的特征,整理客户现有的行为和知识,形成完善的结构化客户知识标签。客户标签是对客户行为特征的描述定义,并且每个标签有对应的标签值。客户画像是各种模型不断累积、成果不断沉淀的结果。

(1)客户标签体系

客户标签体系分四个大类,分别为:人口属性标签、电信业务标签、行为偏好标签和地理位置标签。所有标签采用统一的编码规则,客户标签一级目录分为四类,用字母标识:人口属性标签(S)、电信业务标签(Y)、行为偏好标签(X)、地理位置标签(D)。客户标签二级、三级、四级、五级目录分别用三位数字编码,客户标签编码=一级编码+二级编码+三级编码+四级编码+五级编码。

1)人口属性标签:人口属性标签数据源自 CRM 系统和外部信息(如通过与其他行业合作获得的资料)。人口属性标签按照自然人和社会属性描述,分为基本信息、健康情况、联系信息、工作信息、消费能力、家庭信息等。其中,基本信息二级指标下的"用户 ID"应为必填项,其余信息可逐步完善。

2)行业业务标签:行业业务标签数据来源于 EDA、销售品视图、终端自注册平台等,并且以月为单位记录用户电信业务使用情况。

按照电信产品的类别,行业业务标签的二级目录分类包括:客户资料、收入、上网行为、通信行为、客户体验、缴欠费信息、终端信息、销售品信息等。

3）行为偏好标签：行为偏好标签数据来源于 DPI、手机 APP 数据，这些数据记录了每个用户每月各分类标签下 DPI、手机 APP 的使用频次、时长和流量等信息。按照用户的总体需求分为资讯、娱乐、沟通、工具、网购等五大类，从而形成了行为偏好的二级分类。三级分类按照应用的主要功能进行分类，如娱乐可进一步划分为音乐、游戏、视频、阅读等。四级分类按照应用的内容偏好进行分类，如新闻资讯按照内容可分为社会、军事、科技、娱乐等。

4）地理位置标签：地理位置标签数据源自信令数据，结合话单数据，借助基站和 WiFi 属性信息，记录用户每月的行为轨迹。同时，地址位置标签需要根据基站和 WiFi 接入点的地理位置进行填写，并且可以逐步完善。

（2）客户画像体系

客户画像是各种模型不断累积、成果不断沉淀、形成客户洞察的过程。完整的客户画像包括基础属性画像和知识特征画像。

1）基础属性画像：基础属性画像是用来描述客户客观存在的，不需要经过深入的转换和分析就能直接得到的属性特征，这些属性往往是用户在使用电信产品时直接反映出来的用户本身所具有的显性的属性，例如城乡类型（农村、城市）、资产综合状态（不活动、单停、双停、现行），在客户特征库中基础属性标签按照一定的业务应用需求进行收集和分类。

基础属性标签主要分为基础信息、业务量信息、收入信息、成本信息、订购信息、关联信息、投诉信息、接触信息等八个类别。下面简单介绍一下这八个标签类别：

①基础信息主要来源于客户资料数据的用户基础信息，包括客户类型、所属分局、在网时长、校园用户标识等。在该类别下又分为基本属性、营销属性、状态属性、终端信息属性、终端使用属性。

②业务量信息主要是指用户使用电信产品后语音、上网、增值业务等的使用次数、时长等。在该类别下又分为语音通话属性、交往圈属性、增值业务属性、上网行为属性、上网内容属性、套餐使用属性。

③收入信息主要是指用户使用电信产品时产生的费用，该分类下只包含费用属性。

④成本信息主要是指个人客户的各项分摊成本等属性信息。该分类又分为酬金成本属性、补贴成本属性、结算成本属性等。

⑤订购信息主要是指用户订购相关产品及优惠的信息。该分类又分为租机订购属性、冻送订购属性、传统业务订购属性、基地业务订购属性。

⑥关联信息是指 C 网产品关联的固话、宽带产品的信息。该分类下又分为固话属性、宽带属性、ITV 属性。

⑦投诉信息是指用户对产品不满意时,可以进行投诉。

⑧接触信息是指用户与电信公司之间接触方式、接触过程和接触效果、历史接触轨迹等信息。该分类下又分为营销接触属性、渠道接触属性。

2)知识特征画像:知识特征画像用来描述客户主观存在的,需要经过复杂的转换分析和挖掘间接得到的属性特征,这些特征往往需要用一定的规则对客户的行为和价值进行提炼、加工而得到。

知识特征标签的产生主要依赖于分析和挖掘模型,依据挖掘分析的特点,从标签开发实现的角度出发,可以将知识特征标签的方法分为两种:根据挖掘结果直接生成标签、基于其他基础标签根据一定的规则组合产生新的标签。

知识特征画像分为社会特征、通信特征、兴趣特征、偏好推荐等四个类别。社会特征指用户在社会上本身的特性,如家庭、收入、职业情况等。通信特征指用户在使用电信业务产品时反应出来的相关特征,如客户价值、所处生命周期等。

兴趣特征是指用户对某种事物的喜好、关切,反应了用户喜欢什么样的内容和应用。偏好推荐特征是指用户对渠道、产品、终端等的喜爱。

9.2.4　盈利模式

电信大数据管理系统及数据分析平台的市场应用模式有两类:项目模式和运营模式。

9.2.4.1　项目模式

项目模式主要面向各省电信运营商进行推广,一般以项目费的方式进行结算。项目按规模大小可以分为大型项目、中型项目和小型项目,一般在发达省份可以达到中大型规模,其他省份则是中小型规模。项目在浙江试点成功后可以与研究院合作形成规范,并在全国进行推广。鸿程为电信构建大数据管理与分析平台并提供针对电信内部管理提升的应用产品与服务,如精确营销等专题,目标客户是各省的电信运营商。

9.2.4.2 运营模式

运营模式主要是与电信合作面向各行业客户提供大数据类产品服务,与电信运营商合作共赢,共同运营大数据业务。目标客户是需要应用电信数据的各行业客户,大数据运营可以向目标客户提供包括数据调用、精准广告、行业咨询在内的各类大数据行业应用产品。这种模式往往是以服务费用或数据调用费的方式结算,鸿程与电信合作分成。

9.2.5 企业简介

浙江鸿程计算机系统有限公司成立于 1996 年 8 月,主要提供计算机软件开发实施、IT 信息技术咨询服务、高端的商业与企业信息化解决方案等服务,是集IT 应用服务、通讯增值运营与信息系统集成三位于一体的 IT 综合服务提供商。鸿程建立了业界领先的技术管理模式、IT 服务模式,形成了一套具有自身特色的、适合电信业和 IT 业的、符合国际规范的企业管理体系,可为客户提供优秀的IT 综合服务。

鸿程作为中国电信系统内首家改制试点单位,自 2009 年以来,承担的 10 多个科技研发项目,获得了浙江省科学技术奖、杭州市科技进步奖、浙江省优秀信息系统工程等多项政府荣誉称号。鸿程公司拥有国家计算机信息系统集成二级资质、国际软件标准的 CMMI 五级认证、信息安全管理体系认证等资质,被认定为国家重点领域的高新技术企业、浙江省软件企业、杭州市创新型试点企业。公司拥有被认定的杭州市企业技术中心、商业智能省级高新技术企业研究开发中心。

鸿程长期致力于计算机信息系统集成解决方案的研究,目前已形成 7 大类产品线与多行业解决方案,可提供近 60 项产品与服务,已获得 50 余项软件著作权。公司拥有 SP 经营资格,目前已制定了 4 项电信行业领先的标准规范,具备 CISCO,H3C 等网络产品集成应用的实施与服务能力,与 IBM、埃森哲、ORACLE、HP 等公司拥有长远的战略合作关系,其业务遍及浙江、上海、江西等全国 20 多个省市以及越南、巴西、多哥、斯里兰卡等多个国家。

公司以"创新、沟通、追求卓越"为企业文化的核心理念,倡导"鹰一样的个人,雁一样的团队",坚持以"技术服务为根本,产品质量为核心,规范管理为手段,客户满意为目标"的宗旨,努力为客户提供优质、完善的信息产品与服务。

9.3 七巧板城市空间大数据数据平台

9.3.1 概述

数据来源是智慧系统的源头,城市的智慧性能,在很大程度上取决于信息数据的精确性、完整性、丰富性、即时性。如果说过去是一个技术为王的时代,那么大数据时代就是一个内容为王的时代。技术作为获取内容、加工内容、利用内容的工具,更先进的技术无疑可以为我们提供更优的解决方案。近年来,各地方通过系统大整合,从技术层面初步解开了信息孤岛和信息碎片化的死结,为实现更大范围、更高层次的共享应用提供了现实基础。通过使用数学算法对海量数据进行分析和建模,挖掘出各类数据背后所蕴含的内在的、必然的因果关系,进而研判出某一事件发生的概率,科学预测其发展趋势,以此来服务现代行业信息化应用。

浙江七巧板信息科技有限公司(以下简称七巧板)综合地运用 GIS,RS,RTLS,LBS,CNSS,RFID 等现代化技术,将各类地理数据域各类信息数据相结合,通过数据定位、数据分析、数据预测等技术手段,将各类分散的数据资源在高清晰化的地图上转化为现实可用的商用及民用信息,实现全球地理位置价值的最大化。

9.3.2 主要内容

七巧板致力于提供以地理位置信息为基础的政府决策类、商业类、交通导航类、经济类、旅游类、游戏类、规划类、生活类、社交类、管理类、位置定位类等一系列产品及服务。

9.3.2.1 数据层

贯通融汇行业各业务系统数据库,建立数据存储与预测决策所需的数据仓储中心,实现"大数据、深挖掘、网关联"的应用需求,即时、准确、全面地为行业工作提供信息支持,为行业信息化打造坚实基础。

与智慧城市相关的大数据可以划分为四个来源:

1)越来越多的机器配备了连续测量和报告运行情况的装置。几年前,跟踪遥测发动机运行仅限于价值数百万美元的航天飞机。现在,汽车生产商在车辆中配置了监视器,连续提供车辆机械系统整体运行情况。这些机器传感数据属于大数据的范围。

2)计算机产生的数据可能包含着关于因特网和其他使用者行动和行为的信息,从而提供了对他们的愿望和需求潜在的有用认识。

3)使用者自身产生的数据/信息。人们通过电邮、短信、微博等产生的文本信息。

4)至今最大的数据是音频、视频和符号数据。这些数据结构松散,数量巨大。

公司通过商业合作、购买、技术抓取等多种途径,建立了海量巨大的城市数据中心。

9.3.2.2 平台层

以城市空间数字化为基础,和在此基础上搭建的 GIS 平台为核心,以云计算技术为支撑建立支持海量数据检索的引擎系统,实现各类数据的自动入库、与时空信息充分关联融合、及时反馈与精准推送,并通过高精度实景地图展示出来。

(1)时空引擎(标准地址共享服务平台)

标准地址是业务信息与空间信息进行互联的有效桥梁和纽带。各行业在前期的信息化建设过程中积累了大量非常有价值的业务数据,但单纯的行业业务数据,已经不能满足目前的工作业务应用的需求,业务信息越来越迫切地需要与地理位置信息相结合,形成时空结合的"四维"业务数据。

而标准地址库正是解决这一问题的有力工具。建设标准地址库,各业务系统通过引用标准地址库的服务来实现地址的应用和自动关联上图,极大地缩减人力物力,确保各业务系统能够在同一空间框架内进行共享关联。

TGRAM 标准地址共享服务平台系列产品由"一库三平台"组成:

1)一个数据库,即标准地址库,梳理了整个城市的标准地址的描述以及标准地址所对应的精确坐标位置数据。

2)三个服务平台,即标准地址云服务平台,向各业务系统提供,非标地址自动实时转换为标准地址以及经纬度坐标的核心数据服务平台。

标准地址监控管理平台,能够实时展示各业务系统所存在的非标准地址总量、城市标准地址库量、非标地址自动翻译为标准地址描述的翻译率、对地址数据的审核等功能。

标准地址应用服务平台,能够自动把业务数据在一个地址上进行串联聚集,使各业务系统中存在的业务文本信息转换为具有时空特性的"四维数据",完成数据关系的梳理并向其他系统提供完整的"四维数据"服务。

标准地址库控件服务:提供标准格式的地址录入控件,能够供其他业务系统调用,对标准地址的录入进行规范。

(2)搜索引擎(智慧云搜索平台)

智慧云搜索平台是公司自主研发的一款搜索引擎产品,它充分继承并创新地发挥了七巧板在 GIS 领域的专业经验积累,将不同数据库的数据整合到一起,并进行分析研判,为行业业务数据的检索提供高效准确的数据查询服务。智能搜索引擎是智慧云服务平台中的一个重要组成部分,是基于 solr 技术基础结合公安的业务特征开发的。搜索引擎提供的功能包括智能搜索、数据来源统计、关键字类型自动识别、匹配度自动排序、自动识别人员身份信息、相似度分析、时间轨迹、空间轨迹等,帮助用户高效准确地进行数据查询服务。

智慧云搜索平台在数据中心的基础上,对共享程度高的业务信息进行集中、归类、整合,建立行业统一的智能综合查询数据库和一个覆盖面广、功能强大、界面规范,集数据传输、数据检验、数据比对报警为一体的综合信息智能查询平台。该平台能够有效地把数据中心中的海量数据通过最简便的方式呈现给普通用户使用,并能够把数据进行自动、智能的结构化梳理,能够分析出数据之间的关系及轨迹信息。

智慧云搜索平台并不是一个简单的查询系统。作为一个基于数据分析模型的基础,平台关注数据的轨迹线、关系网两个方向。在智慧云搜索平台中只要输入一个身份证号就能够关联出所查询出来的人员信息(例如姓名、身份证号等),并能够自动关联与该人员的相关的基本信息,包括在系统中与该人员相关的所有手机号信息、车辆信息、人员的照片信息等,以及自动分析出该人员在该地区的社会活动轨迹并能够在地图上进行直观呈现。

(3)TGIS 平台/地图产品

TGIS 平台是七巧板自主研发的一款基于 Arcgis+FlexViewer 搭建的基础 GIS 产品,目前已广泛应用于公共安全领域。TGIS 平台为各业务系统提供了基础 GIS 服务及基础功能。在此平台上,可根据业务特性,增加应用组件功能,可大大提高大数据展示以及大数据实时定位的性能。

9.3.2.3 应用层

根据各行业务的实际需求，充分运用信息和通信技术手段感测、分析、整合城市运行核心系统的各项关键信息，在基础平台之上建立一套成果共享、服务调用的完整系统体系。

(1)城市数据星空平台

城市数据星空平台以七巧板时空分析平台为基础，整合来自各部门和各所辖地区的、经过审核转换处理的数据资源，在地图上在对应位置完成数据实时落地定位，它能够有效地监控城市数据量的变化以及数据变化的区域分布情况，实现对经济社会信息的统一和集中展示，确保数据的唯一性和准确性，为各行业今后的工作提供一致的基础数据支持。

(2)移动应用平台

移动应用平台把各类业务数据结合入手机端，使得用户不再局限于电脑和网络等硬件设施媒介，让用户拿起手机就可以随时随地了解信息情况，处理工作业务，提高用户办事率效率及信息服务职能，增强社会化服务的能力与水平。目前，我公司自主研发的移动应用类产品包括入户访查管理系统(警务通版)、指挥调度系统(警务通版)、智慧高速一键通出行服务系统(移动终端版)等。

(3)智慧警务系列产品

七巧板自主研发的基于 PGIS 的智慧警务系列产品是以互联网、物联网、云计算、智能引擎、视频技术、数据挖掘、知识管理等为技术支撑，以公安信息化为核心，通过互联化、物联化、智能化的方式，促进公安系统各个功能模块高度集成、协调运作，实现警务信息"强度整合、高度共享、深度应用"之目标的警务发展新理念和新模式。

(4)商业地产管理平台

七巧板自主研发的商业地产管理平台，以其强大的地理空间数据处理能力和空间分析方法，合理分析和利用商业地产数据，并通过航拍实景地图进行展示，为商业地产管理人员提供科学、有效的决策及技术支持。

(5)物联网-电气火灾风险管理平台

电气火灾风险管理平台能把城市的实景效果和地图相结合，借助移动先进的 3G 网络，利用成熟的 GPRS 与 SMS 无线网络与电气火灾风险管理平台相结合的方式来实现准确、全天候地监测线路中的漏电、电流、温度等变化，把用电情况变成可视的数字化监控，为有效预防电气火灾提供了全面的解决方案。

9.3.3 主要技术

9.3.3.1 智能地址匹配技术

地图匹配是一种基于软件技术的定位修正方法,其基本思想是将定位装置获得的车辆定位轨迹与电子地图数据库中的道路信息联系起来,并由此确定车辆相对于地图的位置。地图匹配的应用基于两个前提:首先,车辆总是行驶在道路上;其次,电子地图道路数据精度应高于车载导航系统的位置估计精度。当上述条件满足时,将定位轨迹同道路信息相比较,通过适当的匹配过程确定出车辆最可能的行驶路段及车辆在此路段中最可能的位置。地图匹配算法的实施与数字地图有着密切的关系,电子地图必须具有正确的路网拓扑结构和足够高的精度才能完成地图匹配,否则会导致错误的匹配。由于地图匹配技术在改善定位精度方面的重要作用,近年来相关研究发展很快,已应用于包括智能交通系统在内的很多领域。

9.3.3.2 搜索引擎技术

随着互联网的迅猛发展、Web 信息的增加,用户要在信息海洋里查找自己所需的信息,就象大海捞针一样,搜索引擎技术恰好解决了这一难题。搜索引擎是指互联网上专门提供检索服务的一类网站,这些站点的服务器通过网络搜索软件或网络登录等方式,将 Intenet 上大量网站的页面信息收集到本地,经过加工处理建立信息数据库和索引数据库,从而对用户提出的各种检索作出响应,提供用户所需的信息或相关指针。用户的检索途径主要包括自由词全文检索、关键词检索、分类检索及其他特殊信息的检索。

9.3.3.3 索引技术

索引技术是搜索引擎的核心技术之一。搜索引擎要对所收集到的信息进行整理、分类、索引以产生索引库,而中文搜索引擎的核心是分词技术。分词技术是利用一定的规则和词库,切分出一个句子中的词,为自动索引做好准备。索引多采用 Non-clustered 方法,该技术和语言文字的理解有很大的关系。不同的搜索引擎系统可能采用不尽相同的索引方法。例如,WebCrawler 利用全文检索技术,对网页中每一个单词进行索引;Lycos 只对页名、标题以及最重要的 100个注释词等选择性词语进行索引;Infoseek 则提供概念检索和词组检索,支持

and，or，near，not等布尔运算。检索引擎的索引方法大致可分为自动索引、手工索引和用户登录三类。

9.3.4 主要特色

智慧城市以城市空间数字化为基础，和在此基础上建立的智能平台为核心，实现各类数据自动入库（感知部分通过网络入库；人工采集部分工作人员上传入库；社会、互联网数据交换交互并自动清洗入库）、与时空数据充分关联、数据库高度融合和统计、分析、研判、评估等功能的完全智能化，决策、指挥、管理、破案、监督、服务等业务工作实现前沿感知、深度互联、大数据融合、云技术处理、及时反馈、精准推送现代城市智慧模式，达到贴近实际应用的目标。

9.3.4.1 友好的展现方式

对"智慧城市"来说友好的展现方式不仅能给使用者带来使用上的便利，而且能够给科学的决策提供有力支持；系统友好的展现方式主要包括三个方面：第一就是需要有一个能够支撑起智慧城市应用的GIS平台，其次需要有高精度的城市实景地图，最后还需要有一个能够支持海量数据检索的引擎系统。

强大的GIS平台是保障系统能够进行友好展示的基础；城市实景地图能够保证城市的地理信息数据不会丢失，只有把一个城市完整无损地搬到屏幕当中才不会在研判活动中因为地理因素的影响而造成决策偏差；搜索引擎系统是支持大数据应用的基础，能够把计算机对准确业务数据的查询耗时降到最低，第一时间给用户提供准确的查询结果是友好展示方式的基础，也是建立"智慧城市"的必备条件。

9.3.4.2 完整的业务数据

数据是一个软件系统的基础，当然也是"智慧城市"系统的基础，高效、安全、完整的大数据库建设决定了信息系统建设的成败。

随着现代化信息技术的发展，城市各职能部门已经建立了各自的业务应用系统，在不同时间、由不同单位通过不同技术开发的业务应用系统标准不一，导致各部门及部门内部各类数据成为信息孤岛。为了建设智慧城市，综合应用各类数据，一个互联互通的完整的业务数据中心是必备条件，可以为各职能部门提供统一的、完整的、实时的业务数据。

9.3.4.3 贴近实际需求的应用

贴近实际需求的应用是"智慧城市"建设的最终目标。智慧城市系统既有线上的智慧行业数据后台和行业活动决策支持系统,也要有线下的指挥、执行活动。

(1)支持信息的精准推送

大数据方法带来的信息具有全面性和精准性,与时空数据关联实现的需求准确性,可以在较短时间内对相关情况的合理处置人做出判断,并将相关情况的指令精准推送给合理处置人,以便情况得到及时、有效的处置。

(2)支持管控精准度的提高

相对人(特定人)的各类活动多在被感知状态,获取的感知数据与相关数据关联、融合,其活动可根据大数据分析的方法得出规律,用相应模型推演出各时间节点的活动内容,从而提高管控精准度。

9.3.5 企业简介

浙江七巧板信息科技有限公司是浙江省一家专业的全球地理位置服务商,现有一支成熟的技术开发团队,是一家以信息技术、信息应用为主业,以地理信息为核心的,集研发、生产、销售为一体的高科技企业。

七巧板成立至今,秉承着"梳理全球地理位置信息、物联全球地理位置关系"的使命,奉行"专注、细致、务实、进取"的方针,不断开拓创新,坚持以数据为核心、技术为手段、服务为基础,拓展了良好的市场前景。

9.4 明讯慧眼智能透视分析系统

9.4.1 概述

当前,运营商网络监控和维护工作存在网络指标与客户感知差异、精细网络优化手段不足、客户投诉定位困难等问题。浙江明讯网络技术有限公司(以下简称"明讯网络")研发"慧眼"智能透视分析系统可支撑多维度的端到端指标的分析,实现深层次的支撑网络优化分析。

9.4.2　主要功能

　　"慧眼"智能透视分析系统围绕通信运营商"提高全网网络质量、提高客户感知满意度"的中心，开发实现投诉处理、网络评估、指标分析、专题优化、网络保障、系统管理等功能，以全新的监控手段，突破日常优化瓶颈，改善 KPI 短板，全面提升优化效率。

9.4.2.1　投诉处理

　　投诉处理是软件功能板块的主要部分之一，不仅能用来处理投诉，还可用来对质差用户提供主动关怀服务以及进行贵宾（very important people，VIP）客户专项保障优化等。比如通过 VIP 客户专项保障优化，可以对运营商自动路测号码进行全程跟踪服务，及时发现故障，改善测试的效果。在实际网络中，可以借此进行网元级和用户级的投诉倾向分析，通过此功能可很好地优化用户的网络感知，提升用户对移动网络的信心，强化运营商的品牌价值。

9.4.2.2　网络评估

　　网络评估分为网络性能透视、网络覆盖分析、网络质量分析、模拟路测评估。网络性能透视是地图化地呈现网络运行情况，利用地理信息系统（geographic information system，GIS）地图、栅格渲染来分析网络问题，将混合现实（mixed reality，MR）指标的分布情况在地图上更细粒度地呈现并且结合相应的地理位置进行分析，从而能够对网络进行更全、更细、更深入的评估。网络覆盖分析包括上下行弱覆盖分析、覆盖空洞查询、过覆盖分析、上下行链路失衡查询。网络质量分析包括最差小区分析、MR 深度分析、MR 指标分析、操作维护中心（operation and maintenance center，OMC）指标查询。模拟路测评估则通过使用道路用户做测试探针，跟踪活跃用户的运动轨迹，来评估道路指标，并定位道路问题区域，进而进行分析和优化。

9.4.2.3　指标分析

　　指标分析主要分为切换分析、指派分析、话务分析、掉话分析、MR 指标分析、综合指标查询等。

9.4.2.4　专题优化

专题优化分析包含室分优化、位置区码(location area code，LAC)优化、寻呼分析、寻呼黑洞分析、短呼分析、重呼分析、邻区核查分析、接通率分析、隐性故障分析、频率干扰分析、新站入网分析、信道拥塞分析、位置更新分析、乒乓切换分析、接续时延分析等十几个大类，实现专项指标和事件的深度分析，如室分优化包括室分信号泄漏、室分用户感知、室内天馈核查、指标查询、室外验收等诸多功能。

9.4.2.5　网络保障

对网络设定告警进行监控，并实现告警自动下发的功能，使网管人员及时掌握网络状况。具体包括告警任务设置、实时告警、告警信息查询、告警参数设置、自动报表、用户实时跟踪等功能。

9.4.2.6　系统管理

系统管理实现包括用户管理、用户组管理、授权管理、日志管理、个人信息、GIS 管理、参数设置等功能。用户可根据网络实际需求，自行设置。

9.4.3　主要技术

"慧眼"智能透视分析系统主要是由数据采集层、数据共享层、数据应用层三部分组成。数据采集层实现链路配置自动识别、时间精准同步等功能；数据共享层实现信令解码、关联的准确性、海量数据的组织和存储、海量数据访问的功能；数据应用层则可以实现 MR 定位算法、数据挖掘分析、灵活性和易用性、业务功能和模型定制等功能。

9.4.3.1　链路自适应技术

"慧眼"智能透视分析系统采用专门设计的链路自适应技术(基于链路中系统消息的实时跟踪)，通过配置可以每隔 $1\sim10$ s 进行链路自动扫描，在现有采集板卡采集通道利用率 80%(保证一定的余量)的情况下，大约能在 $1\sim5$ min 完成新增的时隙的识别和配置。该技术保证了在接入范围内传输时隙发生改变时系统正常的采集和收敛。例如，小区维护重启带来的传输时隙重分配、小区在不增加传输设备时候的扩容、在不增加传输设备时的新建站都能被系统自动地检测和收敛。

链路自适应技术是保障现网运行的必备技术,尤其是在基站割接、扩容、维护非常频繁的时机,及时可靠的链路自动识别和匹配可保障数据的完整性和关联的准确性。

9.4.3.2 多级后关联技术

移动网络的网元是分布式的,"慧眼"智能透视分析系统通过多级后关联技术对分布式的多个网元(多条链路上信令)上的信令过程进行关联,形成完整有效的信令过程。比如,一个用户呼叫过程可能跨越多个基站控制器(base station controller,BSC),甚至多个移动交换中心(mobile switching center,MSC),信令交互涉及 A/Abis/C/D/E 等多个接口,网络透视分析系统能把整个通话过程关联出来,而不是仅仅关联出某些网元或者某个接口上的局部过程。

采集系统和分析系统也是分布式结构,在大容量接入模型中,每个分布式节点往往不能得到信令关联的全部结果,而如果把所有信令扔给一个"总结点"又面临带宽、性能瓶颈的问题。网络透视系统在处理这样问题时进行了充分的考虑,设计出了一套合理、高效的多级合成架构。

网络透视分析系统的采集系统分布式级联的本质在于在每个采集处理节点上尽可能地进行关联,不完整的关联结果将会发往后续关联服务器继续进行关联。

9.4.3.3 数据应用层关键技术:特征指标库

建立了全球移动通信系统(global system for mobile communication,GSM)网络的相关关键绩效指标(key perfomance indicator,KPI)特征指标,从而可实现核心网和无线接入网的 KPI 关联。该系统包括 A 接口和 Abis 接口等全部信令的完整采集,可以完成用户国际移动用户识别码(international mobile subscriber identification number,IMSI)跟踪,实现 VIP 用户的跟踪和保障的功能;实现依照 GSM 规范自主定义常用 KPI 定义,实现独立于主设备厂商 OMC 的指标定义等功能,确保 KPI 统计的第三方客观性并实现不同主设备厂商的实际性能的比较。特征指标库包括掉话率、话音质量(含上行和下行)、信号强度(含上行和下行)、话务量分布地理化分布、切换统计、寻呼分析、LAC 分析、覆盖分析等多项指标和专题。

9.4.3.4 聚合表技术

聚合表是预先对数据进行聚合的临时表,达到以空间换取时间的目的,可以大大地提升客户分析的响应速度。对于"慧眼"智能透视分析系统而言,每天的数据量非常大,1 个 BSC 每月未解码数据量达 TB 级,如果不采用聚合表技术,系统运行速度会比较慢。而采用聚合表技术,则可以预先对访问频繁的数据,根据其常用查询字段,建立更多、更优化的索引;另外,会对这些数据采用分区存储,使每个表的记录维持在较小的量级。当需要访问时,首先会根据时间类、操作类属性定位到相应的分区,然后再查询,从而大幅度地提高领导决策的响应效率。

9.4.4 主要特点

"慧眼"智能透视分析系统主要有以下特点:

1)"慧眼"智能透视分析系统基于成熟的 J2EE 技术,可以稳定地在多种操作系统和 J2EE 应用服务器上运行。操作系统包括各种商业操作系统,J2EE 应用服务器包括 WebLogic,WebSphere 等以及免费的 resin,Tomcat 等。

2)"慧眼"智能透视分析系统按多层模式构建,符合当前网管部门和网络运维的信息化发展趋势。

3)"慧眼"智能透视分析系统采用 C/S 架构,能够给用户提供更快的响应速度和更安全的环境。

4)"慧眼"智能透视分析系统中内嵌先进的统一用户身份认证和授权管理系统,其强大细腻的访问控制功能可以确保对数据访问的随需控制,不仅支持普通的列级访问控制,还支持行级访问控制。授权管理体系可以逐级转授权,支持将系统管理和使用权限下发,使得业务人员真正成为数据的控制者,并且能够实现相关责任的快速、准确的认定。

5)"慧眼"智能透视分析系统提供统一的数据模型体系,IOD 技术提供的各类数据分析应用功能首先需要建模,功能和模型的分离使得产品具有良好的通用性。同时,这些模型也可以脱离平台被单独存储,可以被积累、重用和传播,最终沉淀为组织内宝贵的知识库。

6)提供丰富、实用的数据源支持,"慧眼"智能透视分析系统可以通过标准的 jdbc/odbc 协议连接各类数据源,支持多种不同的数据源类型。

7)"慧眼"智能透视分析系统可以根据用户需求提供轻量级或重量级的部署方案，适用于不同规模的用户。

9.4.5 企业简介

浙江明讯网络技术有限公司成立于 2004 年 2 月，是一家以移动通信技术服务和通信应用软件开发为主营业务的高新技术企业，致力于为中国移动/中国联通/中国电信提供移动通信网络工程、维护、评估、规划、优化和咨询等专业技术服务以及协议分析和信令监测软件的研发和应用；明讯网络先后成为诺基亚、华为和中兴的合作伙伴，并拥有当前移动通信网络全部主设备厂家设备技术服务能力。公司业务分布于全国近 20 个省，业务涵盖中国移动、中国联通和中国电信三大电信运营商。

明讯网络是浙江省高新技术企业和软件企业，为中国电信集团认证网优 2A 资质厂商、工信部信息网络系统集成企业乙级资质企业、杭州移动 A 类供应商和杰出合作伙伴，拥有杭州市企业研发中心，先后通过 ISO 9001 和 TL 9000 质量认证。

10 商业智能平台典型应用

10.1 阿里大数据平台

10.1.1 概述

"大数据"的爆发和应用正在改变传统商业方式。点击率、浏览量不仅仅意味着企业成长指标,更可能是潜在庞大的消费群体、模式或趋势。阿里云计算有限公司致力于打造公共、开放的大数据服务平台,并将借助技术的创新,不断提升服务的能力与规模效益,将大数据变成真正意义上的公共服务。公司现有主要大数据服务有开放数据处理服务(open data processing service,ODPS)、采云间(data process center,DPC)、开放结构化数据服务(open table service,OTS)、关系型数据库(relational dectabase service,RDS)、开放缓存服务(open cache service,OCS)等。

10.1.2 主要内容

10.1.2.1 开放数据处理服务

开放数据处理服务(ODPS)是阿里巴巴基于飞天分布式平台自主研发的海量离线数据处理平台。主要服务于实时性要求相对不高的批量结构化数据的存储和计算，可以提供海量数据仓库的解决方案及针对大数据的分析建模服务。

ODPS 的目的是为用户提供一种便捷的分析处理海量数据的手段。用户可以不必关心分布式计算细节，从而达到分析大数据的目的。ODPS 已经在阿里巴巴集团内部得到大规模应用，例如，大型互联网企业的数据仓库和 BI 分析、网站的日志分析、电子商务网站的交易分析、用户特征和兴趣挖掘等。

ODPS 以 RESTful API 的形式提供针对 PB 级别数据的、实时性要求不高的批量结构化数据存储和计算能力，主要应用于数据分析与统计、数据挖掘、商业智能等领域。阿里金融、淘宝指数、数据魔方等阿里巴巴关键数据业务的离线处理作业都运行在 ODPS 上。

ODPS 提供了数据上传下载通道和 SQL 处理操作，并且提供了海量数据仓库的解决方案以及针对大数据的分析建模服务。

ODPS 的主要特点包括：

1）基于阿里云操作系统，提供 PB 级别的数据存储、离线分析的数据平台；

2）在提供简单实用的 MapReduce 编程框架的基础上，新增 Join, Union 等功能；

3）支持主流编程语言：C/C＋＋, Java, Python 等，其中 Java API 能够与 Hadoop 兼容；

4）在需要的安全模式下，支持代码扫描，防止恶意代码的入侵；

5）支持直接使用 SQL 来分析海量数据；

6）支持图形化编程，并可可视化 SQL 的执行流程；

7）提供基于规则及历史数据的查询优化。

ODPS 主要优势有：

1）分布式：ODPS 采用分布式集群架构，实现跨集群技术的突破，集群的规模可以根据需要灵活扩展；

2）安全：自动存储容错机制，所有计算在沙箱中运行，能够保障数据的高安全性、高可靠性；

3）易用：ODPS 采用标准 API 的方式提供服务，提供高并发、高吞吐量数据上传下载服务，全面支持基于 SQL 的数据处理；

4）管理与授权：ODPS 能够支持多用户管理协同分析数据，支持以多种方式对用户权限进行管理，可灵活配置的数据访问控制策略。

ODPS 适用于离线海量数据的处理、分析或挖掘，同时具有海量存储和大数据离线分析两种能力。

（2）采云间

采云间（DPC）是基于开放数据处理服务（ODPS）的 DW/BI 的工具解决方案。DPC 提供全链路的易于上手的数据处理工具，包括 ODPS IDE、任务调度、数据分析、报表制作和元数据管理等，可以大大地降低用户在数据仓库和商业智能上的实施成本，加快实施进度。天弘基金、高德地图的数据团队都是基于DPC 完成他们的大数据处理需求的。

用户开通采云间 DPC 服务后，可以通过 DPC 控制台进入采云间的工作台。该工作台内部集成了 Ali Data Developer Package（数据开发者套件）和 Ali Data Business Intelligence Package（商业智能套件），主要内容包括首页、数据工厂、分析平台、任务管理、配置中心、应用中心、社区组成等。

各部分功能分别为：

1）首页：提供公告、任务总揽、ODPS 存储量、成功解决方案、咨询等信息。

2）数据工厂：ODPS 集成开发环境，提供了 SQL 查询和分析环境，同时也提供了 ETL 设计和代码撰写、数据同步、数据上传等功能。

3）分析平台：提供了多维分析、报表制作、仪表盘制作的功能，同时提供了企业数据门户集成的功能。

4）任务管理：提供数据同步任务、计算任务的监控和管理功能。

5）配置中心：任务连接信息的配置管理，主要是填写生产账号信息，如RDS，ODPS 的连接配置。

6）应用中心：提供 DW/BI 整套解决方案的工具。

7）社区：在这里可以进行提问、分享，也可以提建议给采云间开发团队，这里汇聚采云间使用指导、DW/BI 最佳解决方案等。

采云间 DPC 能够提供全链路大数据工具的解决方案，其功能主要有：

1）数据集成：DPC 能够支持本地数据的上传以及将 RDS 数据同步到ODPS；持续增加更多数据源之间的相互同步，实现云端数据的无缝流通。

2）数据处理：DPC 提供 ODPS IDE 工具、SQL 代码管理和任务调度功能，是ETL 研发的利器，也是分析师的基础数据处理工具。

3）数据分析：DPC 通过拖拽和可视化的方式分析大数据，将数据分析门槛降到极致，人人都是分析师。

4）数据展现：DPC 通过搭积木的方式制作数据报表和数据产品页面，使数据价值能够轻松地分享。

采云间 DPC 的优势主要包括以下几个方面：

1）专业：阿里多年 DW，BI 领域经验的沉淀，以及全链路解决数据集成、管理与商业分析,全面提升了大数据实施的效率,并且降低了成本。

2)易用:采云间能够屏蔽云端复杂性,轻松完成云端数据同步、灵活撰写数据处理代码,极简任务管理,拖拽式地进行数据分析和报表的制作。

3)大数据处理能力:采云间 DPC 能够与 ODPS 完美地融合,极大地释放其处理能力,支持单个企业十万级任务的运行与管理,其分析工具支持亿级数据的实时 OLAP 分析。

(3)开放结构化数据服务

开放结构化数据服务(open table service,OTS)是构建在阿里云飞天分布式系统之上的 NoSQL 数据库服务,提供海量结构化数据的存储和实时访问。开放结构化数据服务的主要功能有:

1)数据的海量存储:开放结构化数据服务支持把互联网应用用于服务海量的终端用户,如存储邮件、日记、行程、用户信息等。也可用于大规模对象数据的存储,应对移动互联网及物联网时代带来的数据存储的挑战。

2)表的管理:用户可对某实例进行创建表、查询表、删除表等多种操作。

3)数据的管理:开放结构化数据服务支持用户对数据的单行读写、多行读写以及范围读取等操作。

开放结构化数据服务的主要特点包括:①安全性:用户只能对拥有权限的数据表进行访问,且数据表的拥有者可以动态修改权限和密钥。②大规模:支持海量的结构化数据,并可通过自动的分区分裂与合并来应对数据量和负载的变动,使用户无须担心数据的容量(性能与空间)瓶颈。③高可用性:通过自动故障迁移来提供 99.9% 的可用性,通过冗余存储备份确保数据安全。④高性能:通过构建索引和分页,让查询更高效。⑤灵活性:通过支持多种数据类型和任意增加字段,让用户使用更灵活。⑥一致性:通过数据表分区内的事务管理机制,使得数据的更改和查询保持一致性。⑦实时性:用户按需付费,节约成本。大规模在线数据分析服务系统包括底层分布式文件系统、表数据存储系统、SQL 引擎、开放 REST 接口以及认证、监控系统。该系统以数据表的形式组织数据,通过开放接口提供服务,适用于对数据规模和实时性要求高的各类数据分析应用。

开放结构化数据服务 OTS 的优势:①稳定:OTS 的系统可用性 99.9%,能够自动进行故障检测与恢复。②安全:用户级别的数据隔离、访问控制和权限管理,用户只能访问有权限的表、数据冗余备份。③大规模、高性能:单表百 TB 级别数据存储、毫秒级别单行读写延迟、十万级别 QPS。

(4)关系型数据库

关系型数据库服务(relational database service,RDS)是一种即开即用、稳定可靠、可弹性伸缩的在线数据库服务。具有多重安全防护措施和完善的性能监控体系,并提供专业的数据库备份、恢复及优化方案,使客户能专注于应用开发和业务发展。关系型数据库服务功能特点如下:

1)防 DDoS 攻击:当 RDS 为公网访问时,阿里云安全体系会自动判断 RDS 是否正在遭受 DDoS 攻击,并启动流量清洗的功能,若攻击达到黑洞阈值或清洗失效,将会进行黑洞处理。

2)SQL 注入告警:RDS 会通过解析 SQL 语句,判断是否遭受 SQL 注入攻击,并提示修改应用程序。

3)IP 访问白名单:白名单可以使 RDS 实例得到最高级的访问安全保护,建议设置访问源 IP 地址或者 IP 段,最多设置 100 个。

4)将数据迁移至 RDS:RDS for MySQL 提供在线迁移数据的方式,可以在不停止原有数据库运行的情况下完成数据迁移操作;RDS for SQL Server 提供上传备份文件迁移至 RDS 的迁移方式,可便捷地完成数据的导入操作。

5)实例在线升级:RDS 提供的在线升级服务,包括实例配置的升级和数据库版本的升级,升级过程无需用户介入。

6)系统性能监控:RDS 提供近 20 个系统性能的监控视图,如磁盘容量、IOPS、连接数、CPU 利用率、网络流量等,用户可以轻松地查看实例的负载。

7)优化建议:RDS 提供多种优化建议,如存储引擎检查、主键检查、大表检查、索引偏多、缺失索引等,用户可以根据优化建议并结合自身的应用情况来对数据库进行优化。

8)备份管理:RDS 自动提供多重备份,同时 RDS 支持用户通过 RDS 管理控制台或 OPEN API 灵活变更备份的时间。

9)数据回溯:通过 RDS 的备份和日志,用户可以选择 7 天内的任意时间点创建一个临时实例,临时实例生成后如果验证数据无误,即可将数据迁移到 RDS 实例,从而完成数据回溯的操作。

RDS 是阿里云提供的即开即用的关系型数据库服务,兼容了 MySQL 和 SQL Server 两种数据库引擎。在传统数据库的基础上,RDS 提供了强大丰富的功能从而保证了高可用性、高安全性以及高性能。此外,RDS 还提供了诸多便利功能提升了 RDS 的易用性。

(5)开放缓存服务

开放缓存服务(open cache service,OCS)是基于内存的缓存服务,支持海量小数据的高速访问。OCS 可以极大地缓解对后端存储的压力,提高网站或应用的响应速度。OCS 支持 Key-Value 的数据结构,兼容 Memcached 协议的客户

端都可与 OCS 通信。开放缓存服务的主要功能有:

1)热点数据访问:开放缓存服务能够实现热点数据的高速缓存,与数据库搭配能大幅提高应用的响应速度,极大地缓解后端存储的压力。

2)兼容常用协议:开放缓存服务支持 Key-Value 的数据结构,兼容 Memcached 协议的客户端都可使用 OCS 服务。

3)安全机制:开放缓存服务提供用户身份认证及 IP 地址白名单双重安全控制,限定阿里云内网访问使得数据更加安全。

4)监控与调整:开放缓存服务提供实时监控与历史监控多项数据统计,支持线上调整缓存容量,升降配置瞬间完成。

开放缓存服务 OCS 服务有如下特点:

1)性能优越:缓存数据存储在内存中,95%的数据访问在 1 毫秒内返回。

2)服务可靠:当某台服务器出现故障时,集群将在 10 秒内恢复服务,用户当前的客户端自动重连后即可恢复服务。

3)安全保障:OCS 仅支持 ECS 访问,并可以限制源服务器的 IP 地址,避免外部攻击。

4)弹性伸缩:当业务规模发生变化时,用户可随时根据需要修改 OCS 实例的配置,并且在配置变更过程中,OCS 实例不会停止服务,用户的客户端程序也不必修改。

5)管理透明:OCS 是一个开箱即用的服务,阿里的 OCS 团队负责 OCS 产品的管理,包括日常维护、软硬件故障处理、补丁更新等工作。

6)兼容性:兼容 Memcache Binary Protocol,符合该协议的客户端(binary SASL)都可使用 OCS。

开放缓存服务 OCS 支持即开即用的方式快速部署,对于动态 Web,APP 应用,可通过缓存服务减轻对数据库的压力,从而提高网站整体的响应速度。其主要优势有:①便捷:开放缓存服务开箱即用,容量可以弹性伸缩,配置变更时可以不中断服务。②可靠:开放缓存服务采用分布式集群及负载均衡设计,单点故障的发生不影响总体服务,硬件发生故障时 10 秒可以自动恢复。③快速:开放缓存服务的响应速度远高于磁盘的响应速度,95%的请求能够在 1 毫秒内返回,配合数据库使用优势更加明显。

10.1.3　企业简介

阿里云计算有限公司借助技术创新,不断提升计算能力与规模效益,将云计算变成真正意义上的公共服务,从而促进云生态系统的健康发展。阿里云的目标是打造互联网数据分享第一平台,成为以数据为中心的云计算服务公司。

　　阿里云致力于打造公共、开放的云计算服务平台,将借助技术的创新,不断提升计算能力与规模效益,随时、随地、随需地为产业链合作伙伴及最终客户提供服务,将云计算变成真正意义上的公共服务。通过大规模、低成本、高可用的计算与存储服务,积极引导开发者使用云平台来开发、发布面向第三方的软件及服务。与此同时,阿里云通过 www.aliyun.com 使用户可以便捷地按需获取阿里云的云计算产品与服务。该开放平台通过提供开放的软件和服务市场,打破国际优势企业的技术垄断,打造核心知识产权池,形成云计算产业链。

　　作为国内云计算标准的主导者之一,阿里云是国家首批云计算示范企业。2010 年 10 月,国家发展和改革委员会、工业和信息化部联合印发《关于做好云计算服务创新发展试点示范工作的通知》,确定在北京、上海、深圳、杭州、无锡五个城市先行开展云计算服务创新发展试点示范工作。在首批示范工作中,阿里云被确定为重点示范企业,并承担云计算示范城市专题项目。

10.2　恒生聚源金融大数据平台

10.2.1　概述

　　恒生聚源金融大数据平台以金融证券资讯服务为核心,数据内容涵盖股票、基金、债券、金融衍生品、期货、港股、宏观、行业、公告、资讯、新闻法规、海外经济数据等,为企业、金融机构和消费者提供财经信息服务及数据中心解决方案。

10.2.2　主要内容

10.2.2.1　聚源投研一体化平台

　　聚源投研一体化平台能够提供从研究到投资整个业务链的解决方案,相关部门之间也可以通过这个平台无缝衔接,极大地提高投研效率。

　　投研一体化平台的主要内容如下。

（1）聚源研究平台

研究平台是为券商投资研究部门专门研发的,集研究报告的编写、考评、发布等功能于一体的综合性业务系统。提供基本的报告编写、审批、分类、归档功能,为研究人员绩效评定提供依据,并且增加了研究报告的引用频繁度、报告建议精确度等分析项目。聚源研究平台与公司的客户服务系统、风险控制系统和资产管理系统进行数据交互时,其决策更为高效。

（2）聚源终端

聚源终端是基于互联网的支持多品种、多市场、多层次的在线实时金融信息终端,集财经资讯、实时行情、金融数据和分析工具为一体,并且可以通过强大的聚源计算提供准确、及时、全面、稳定的金融数据服务,是金融行业专业投资人员的得力助手。

（3）聚源计算

聚源计算是基于 Excel 的在线即时金融计算服务平台,为用户提供无缝集成的行情报价、金融数据、指标计算等功能的综合性金融数据服务,现已覆盖股票、基金、债券、港股、指数、宏观、行业等多类品种。聚源计算被广泛应用于金融工程、研发、投资、理财、咨询服务、监管等各类专业机构的多层次、多角度的数据提取、浏览、应用和挖掘。

（4）聚源投资终端

聚源投资终端是为投资人员量身定做的,通过聚源投资终端可以了解整个基金市场的变化,及时关注所管理基金业绩的动态,实时跟踪所管理基金的投资组合的变动情况,另外还可以设置不同的调仓观察点进行对比分析。

投研一体化平台的主要客户群体包括:基金公司(银华基金、工银瑞信、国泰基金、上投摩根、纽约梅隆基金等)、券商资管、私募公司等。

10.2.2.2　恒生聚源数据库

聚源数据库以金融证券为核心,以计算机自动处理监控和人工录入核查相结合为手段,以最小单元化数据为结构,在以严密的数理逻辑关系为基准充分挖掘不同主体、不同信息单元之间的纵横关联关系的基础上,逐步形成了一套系统、完善、规范的信息构架体系。

聚源数据库的主要功能有:

（1）保障数据的准确性

1）自动校验数据平衡关系:利用信息之间的纵横关联性,例如钩稽关系、逻辑关系以及完整性要求,对财务数据、股本数据、小信息单元的文字数据等进行实时自动校验,以确保数据准确率。例如,对于上市公司因排版等原因而可能出现的信息披露错误,系统在信息处理的过程中会进行实时警示,并在查证后把信息及时反馈给上市公司。

2)及时对比验证数据的录入:在人工录入数据和数学计算即时校对时,只有处于合理的误差范围内的数据才可入库,最大限度地减少了上市公司或媒体等的信息披露错误。

3)双员工录入制:对于一些用数学和逻辑不能校对的信息,聚源数据采用双员工录入制,计算机对比校验,有差异的地方系统会自动提示,录入人员可根据提示进行检查,待数据确信无误后才能入库。

4)早期监控、监测人员:有专门的信息监控小组,对每天的信息进行监控、统计,对在质量、数量这两个方面出现的问题及时采取相应措施,以提升服务的质量。

(2)保障数据的及时性

1)利用先进的技术手段,采取计算机自动处理、人工辅助处理相结合的方式。

2)结合信息及时性的不同要求,合理安排时间和信息处理的优先顺序。

3)结合信息处理的工作量、专业程度,将信息分为集体处理信息和专业小组负责信息。

4)信息实时跟踪:交易所临时停牌的实时监控、政策信息的全天候最新跟踪、上市公司动态、股票评论的实时传递等。

(3)保障数据的全面性

1)权威信息的订购:主要信息内容大都来自国家统计局、国家信息中心、各行业协会等相关机构以及财经、证券及行业内的报刊,购买取得信息使用权和发布权。

2)与专业媒体信息互换:"聚源数据"广泛寻求合作对象,和一些专业媒体如新华社等进行信息互换。

3)多渠道信息的收集:国内财经金融报刊、行业报刊和境外财经报刊的收录,使得信息数据全面又不失权威性,同时还可以进一步拓展收录报刊的渠道并增加其数量。

4)对信息的二次加工:对零散的或分布面较散的信息进行统计、加工与处理。

5)客户反馈信息:聚源数据注重客户的信息反馈,根据分析、调查后认为合理的建议,会及时做出相关调整。

(4)保障数据的规范性

目前证券市场上在信息披露方面普遍存在的一种现象是:"同一信息主体,不同描述方式。"例如,十大股东中的"申银万国"和"申万","武汉证券"和"武证",这对投资者和研究机构的统计对比分析造成了很大的不便。对于这方面的问题,"聚源数据"在确保信息的"及时性、准确性和全面性"的同时,把信息规范化处理作为公司信息质量保障的一个重要方面,并将其严格贯穿于整个信息处理流程中。

(5)保障数据的合法性

1)严格遵循国家主管部门、上海市证券、新闻出版、广播电视、邮电、公安、工商等行政管理部门的有关规定。

2)"聚源数据"处理的信息包括证券主管部门、证券交易所、上市公司或其他法定机构按照法定程序发布的有关证券的发行、交易及其相关活动的信息;证券经营机构、证券咨询服务机构及股评人员预测证券市场行情走势等做出的可能影响证券市场价格的分析报告、评论等信息;国家部门或专业机构发布的宏观经济、行业经济信息。

3)信息选取杜绝如下相关信息:有损国家形象、尊严的信息;有损国家领导人形象、尊严的信息;破坏民族团结,影响国家安定的相关信息。

4)聚源数据倡导理性投资的宗旨,发布信息时始终坚持不造谣、不信谣、不传谣的原则,不传播各种谣言及虚假的信息。

10.2.2.3 聚源数据工作站终端

随着我国金融改革的不断深入和上海金融中心建设的良好发展,金融机构对于高质量、高精度、高深度的金融数据的需求不断增长。一方面,海外像路透、彭博等老牌资讯公司纷纷进军大陆市场;另一方面,多家同业竞争公司也在争夺国内庞大的金融市场数据服务份额。针对这一紧迫现状,恒生聚源推出了专门为券商、基金、保险、银行、资产管理公司等投资管理部门和研究部门的专业人士服务的金融数据服务终端。客户可以通过工作站终端及时观察、提取、处理最新的金融数据,可以进行数据和图形的深度加工操作和个性化处理方案实施。这样既减少了复杂的数据处理流程,又节省了数据加工的时间。

工作站内容涵盖资讯、股票、债券、基金、衍生品、研究报告、经济数据库(economic database,EDB)、行情、港股、指数、Excel插件等多个系统功能模块。

其中,较同行业竞争对手来说,数据中心、经济数据库(EDB)、Excel 插件、研究报告等是具有竞争优势的解决方案模块。

聚源数据工作站终端提供的服务内容有以下几点:

1)数据中心:通过强大的单一和组合搜索功能,获取你想要的各类专题数据和各模块精华数据统计。

2)经济数据库(EDB):能够为客户提供业内一流的数据质量、数据标准,提供给客户最完备的数据和图形处理方案。该数据库配合 Excel 插件的数据分析能力会使该部分数据更加具有价值。

3)GIL Excel 金融数据加工平台:该平台是一个为投研人士定制的数据加工平台,运用这个平台可以很好地把客户的投研设计思想和聚源的数据加工模式结合起来,为客户省去复杂重复的数据加工工作;并且在这个数据加工平台的基础上还可以给研究人士带来个性化研究和投资思路的启发,而投研人士运用该平台进行数据的深度挖掘和系统思考则能够实现其投研策略的优化和提升。

4)多种数据辅助分析工具:工作站内提供多种辅助数据分析工具,横向比较、纵向比较、条件筛选、估值计算工具使得投研人士从终端上就可以方便地浏览和提取数据,并进行相关的计算。

5)其他数据信息获取和统计:提供股票、基金、债券、港股、衍生品等的详细资料和专业数据统计。

聚源数据工作站的主要客户群体有:基金投资管理和研究部门、券商研究所和自营部门、保险投资部门、银行理财部门、私募投研部门等。

10.2.3　主要特色

聚源数据的特色主要有以下三个方面:

(1)专业的数据处理经验

金融云数据服务集成了恒生电子全资聚源子公司数据核心数据库产品能提供的数据服务,是公司通过长期的探索、实践和专家论证,并结合证券市场的信息结构特征和不同投资主体的信息需要与潜在需求,利用先进的技术手段而自主开发设计的金融证券数据库。随着数据库性能及内容的不断完善、服务及维护的不断加强,已经有了证券时报、申银万国、中信证券等数据库用户,该产品的市场占有率也在逐步上升。

(2)合法与权威的数据源

恒生聚源的基础数据都来自官方和权威机构,如交易所、外汇交易中心、中债登、三大报等都是恒生聚源战略合作伙伴。

（3）独创的数据传输技术

数据传输指数据从聚源发布服务器下载到客户数据库服务器，在这个过程当中，聚源采用了独创的数据传输技术，确保数据传输的完整性和快速性。

10.2.4　营利模式

10.2.4.1　年费服务

对于固定的大客户，例如券商、基金公司、银行等，主要是跟客户签订合约，每年交付一定的年费，然后给其分配一个客户端并对其提供相关服务。

10.2.4.2　特定服务

特定服务，即定制性的服务，这类服务主要是针对那些需要深入分析数据或者是有特殊需求的客户，根据对其提供服务的不同来收取费用。

10.2.5　应用规模

聚源数据的服务对象有证券公司、基金公司、投资公司、银行、保险公司、财经类高等院校、媒体、证券监管机构业已广泛存在的个人投资者，涵盖众多领域；国内外一些知名机构，如银河证券、中信证券、招商证券、申万研究所、国泰君安、海通证券、中银国际、博时基金、中信基金、中国银行、香港恒生银行、上海交易所等，都是聚源数据的长期友好客户。它所提供的数据还经常被专业人士在撰稿时引用，刊登在《中国证券报》《上海证券报》《证券时报》等多家媒体上。国际上的金融信息服务商，如美国的彭博（Bloomberg）和英国的路透社（Reuters），权威的评级和咨询机构美国晨星公司（Morningstar）、标准普尔公司（Standard & Poor's）等的专业人士来聚源参观访问时，也都对聚源金融数据库、数据处理技术和数据处理流程表示认可。

10.2.6　企业简介

1995年2月，恒生电子创始团队八位年轻的工程师开始投身于金融IT领域；2003年12月，恒生电子股份有限公司在上海证券交易所主板上市（代码600570），是中国领先的金融软件和网络服务供应商，业务范围包括证券、基金、期货、银行、信托、保险、财资管理、通信、电子商务等。公司总部设在杭州，在全国28个主要城市设有分公司或办事处，在香港设有分支机构，海外则在日本、美国设有分支机构。

恒生电子是国家规划布局内重点软件企业、国家重点高新技术企业以及国家火炬计划软件产业基地骨干企业，是中国十大自主品牌的软件供应商之一。恒生电子拥有完善的管理和服务体系，是国内首批通过 ISO 9001 国际质量认证的软件企业。恒生电子2007年通过 CMMI L4 评估，2008年通过 ISO 27001 认证。完善的信息安全体系、产品研发质量控制体系、售后服务体系保证了公司服务客户的能力。

多年来，恒生电子积累了金融经济及资本市场领域的大量客户，推动了中国信息化的发展。未来，金融 IT 服务行业的发展前景良好，恒生将逐步扩大客户对象和业务范围，完善公司各项流程和体系建设，为公司的快速发展提供强有力的平台支撑。恒生将继续秉承"客户第一、市场导向"的理念，以"激情、信心、耐心、责任心"为原则，向着自己的目标前进。

10.3　同花顺大数据平台

10.3.1　概述

浙江核新同花顺网络信息股份有限公司作为互联网金融信息服务综合提供商，产品丰富，结构合理，能满足行业内不同客户不同层次的需要。主要产品包括网上行情交易系统的开发与维护、金融资讯与数据服务、手机金融信息服务。通过同花顺金融服务网、交易行情客户终端和系列产品为客户提供免费和增值金融资讯与数据服务；手机金融信息服务系列产品覆盖了 K-JAVA，Symbian，Android，Smartphone，iOS 等主流手机平台。

10.3.2　主要内容

10.3.2.1　同花顺云参数证券信息服务系统

该系统跟随美国等发达国家证券交易发展方向,借助最新的计算机领域云计算技术发展成果,采用图形处理器(graphic processing unit,GPU)运算技术,通过智能化分布式服务器集群计算,彻底解决了历史上技术分析用户指标使用不清、参数设定不明、统计结果不准等诸多问题,使技术指标分析真正走进投资大众的生活。

该软件以历史交易数据为基础,以严谨的科学统计分析为工具,产品结果具有实时性、有效性和可重复验证性,为超短、短、中、长线的投资者提供了合适的指标和买卖点操作指导。该软件的特点是能让用户及时掌控上涨机会,稳健规避下跌风险,根据市场调整及时止损控制风险,该软件明确提示股票最佳买卖点,优化指标以获取最大收益,并提供不同的指标以适合不同的操作风格。

10.3.2.2　同花顺垂直财经搜索系统——i问财

该软件为国内上亿投资者提供各类财经问题的答案,尤其是机器自动回答用户的各类财经类问题。数据主要来源于互联网,包括微博、论坛、博客、新闻等,特别是财经专业的网站、公司的公告和获得授权的研究报告。通过对用户以文字、语音等方式输入的问题的语义理解,自动帮助用户找到精准的答案。

10.3.3　技术内容

10.3.3.1　垂直搜索技术

通用搜索引擎将大量的信息整合导航,将网站上的信息整理在一个平台上供网民使用。用户通过关键字查询的方式实现搜索,是语义上的搜索,返回的结果大多为知识成果,比如文章、论文、新闻等;通用搜索引擎的最大特点是信息量大、海量信息无序化,暴露出来的问题是查询不准确、深度不够。微软亚洲研究院负责搜索模块的一名技术专家说,75%的内容通过通用搜索引擎搜索不出来。

垂直搜索引擎是针对某一个行业的专业搜索引擎,是搜索引擎的细分和延伸,是对网页库中的某类专门的信息进行一次整合,定向分字段抽取出需要的数据进行处理后再以某种形式返回给用户,垂直搜索是相对于通用搜索引擎的信息量大、查询不准确、深度不够等提出来的新的搜索引擎服务模式,针对某一特定领域、某一特定人群或某一特定需求提供的有一定价值的信息和相关服务。搜索引擎行业细分化是必然趋势,垂直搜索引擎具有"专、精、深"的特点,而且具有行业色彩。与通用搜索引擎的海量信息无序化相比,垂直搜索引擎则显得更加专注、具体和深入。

10.3.3.2　SOA 架构技术

企业传统的 IT 架构是按需设计的,企业在信息采集、存储、处理、服务过程中需要使用不同的软件,企业内部积累了大量异构的、部署在不同服务器上的软件服务,内部往往形成了多套相互独立的信息系统,如同一个个信息孤岛,彼此很难完成信息、资源的共享和交互,造成资源的巨大浪费。这样一个庞杂的系统维护和升级起来非常麻烦,有时不仅不会提高企业的效率、效益,反而会起相反的作用。

SOA 在企业现有的 IT 架构上进行完美改造和升级,SOA 架构具备"模块内部高聚合、模块之间低耦合"的特点,SOA 凭借其松耦合的特性,可以按照模块化的方式来添加新的云计算服务或更新现有云计算服务,以解决数据处理基地的各模块需要,从而可以通过不同的渠道提供服务,同时可以把企业已有的应用提升为云服务。

10.3.3.3　云计算技术

云计算的运用是全球范围内最值得期待的技术革命,云计算以其资源动态分配、按需服务的设计理念,实现庞大金融数据的存储和处理,具有低成本处理海量数据的独特魅力。云计算作为全新的基于互联网的超级计算理念和模式,它的出现使 IT 业发生了重大的变革,也将对人类社会的进步产生深远的影响。

10.3.3.4　健全的安全保障策略

同花顺拥有健全的网络与信息安全保障措施,包括网站安全保障措施、信息安全保密管理制度、用户信息安全管理制度等。云计算系统安全策略如下:

1）网络安全性。云计算系统作为一个巨大的资源聚合体，需要在网络层面保证其安全性。云计算系统配置有大企业级防火墙，对外部访问进行控制，规避潜在的风险。智能管理控制系统将对整个云计算系统的"健康"状况进行实时跟踪，一旦发现数据被非正常访问及使用，便会发出警报并启用相应的智能处理及防护策略。

2）数据安全性。安全性不仅包括避免数据被非正常读取、访问，还包括数据不应在突发情况下丢失。云计算系统动态资源库将对所有数据、信息进行异地相互备份，一旦数据受损、丢失，智能管理控制系统将会自动将服务的数据源转移至备份数据，保障系统的连续、稳定运行，让云计算系统上的数据完好无损，避免数据丢失对公司造成巨大损失。

3）访问安全性。访问安全性包括既要对接入的用户提供有差别的访问权限，又要防止各种恶意的攻击性访问。运用多安全机制提高访问安全性，通过设置唯一的客户标识符，在应用中的逻辑执行层可以实现客户数据逻辑上的隔离，从而保证客户数据安全。

10.3.4　应用规模

截至 2012 年 12 月 31 日，同花顺金融服务网拥有注册用户约 15783 万人；2012 年每日独立 IP 的访问量约为 271 万个；每日使用同花顺网上行情免费客户端的人数平均约 357 万人，2012 年日最高并发人数达到 225 万人，每周活跃用户数约为 518 万人；2012 年，同花顺手机金融信息服务拥有注册用户约 2697 万人，每日手机金融信息服务实时并发人数约 135 万人。

同花顺目前拥有 400 万的手机财经用户，每天通过移动网络，向手机用户提供数据、信息、行情和交易通道服务。公司目前与中国移动、中国联通和中国电信合作推出的手机炒股，真正实现了无空间地域限制，让投资者可以随时随地进行行情交易，获得了高端商务人群的高度认同。

10.3.5　主要特色

公司以证券网上行情交易系统为核心，以网上行情交易客户端为平台，专业化经营，多样化服务，为证券公司提供安全、可靠的网上证券交易综合解决方案和服务，为投资者提供专业、及时的数据和个性化的资讯服务，以及其他辅助决策工具。以免费的网上行情交易客户端和网站为平台，推出平台免费、增值服务收费的业务模式,有利于业务的横向拓展和纵向深入,提供形式多样的增值服务,持续为客户创造价值。

10.3.6 发展规划

同花顺发展总体目标是:在未来三年内,把公司发展成国内最具竞争力的互联网金融软件和技术服务商。公司计划从目前的以股票为主的金融软件业务发展成包括股票、基金、期货、外汇等全方位综合金融软件业务;从目前以向个人投资者提供软件为主的业务模式,发展成向个人投资者和机构投资者并重的业务模式;优化企业资源,建设全国性的营销服务网络体系,加强品牌推广,把同花顺发展成全国最优秀的金融软件和技术服务品牌。

10.3.7 企业简介

浙江核新同花顺网络信息股份有限公司(以下简称同花顺),是国内第一家互联网金融信息服务行业上市公司(股票代码:300033),是国家规划布局内重点软件企业,是业内唯一一家国家信息化试点工程单位,是国家商用密码产品生产定点单位。公司注册资金 13440 万元,员工 1000 余人,是专业从事互联网及手机金融信息服务的高新技术企业。

同花顺主营业务为互联网金融信息服务,包括网上行情交易系统、互联网金融信息服务及手机炒股系列产品。同花顺十分重视产品后续研发与自主创新,结合业务开展的情况,公司建立了省级高新技术企业研发中心、浙江省金融信息工程技术研究中心、研发培训中心等机构,成功地积累技术经验了,建立了人才储备库。研发中心拥有信息技术和金融工程技术相结合的复合型人才队伍,研发人员占公司职工总数的 50% 以上,本科及以上学历占到 80%以上。

同花顺在互联网金融信息服务行业内综合排名为浙江省第一、国内第二。公司实施"以质量求生存,以技术求发展"战略,以高品质的产品赢得消费者的信赖,致力于成为国内金融信息服务行业的领跑者。全国 106 家券商中有 97 家的3000 多家营业部在使用同花顺的数据、信息、软件和交易平台,市场覆盖率达到了 90%;同时它也是业内唯一与中国移动、中国联通、中国电信三大移动运营商建立起全面合作关系的手机金融信息服务提供商。

同花顺连续多年营业收入保持稳步增长。同花顺被中央电视台、中国证券报等多家媒体评为"中国证券市场 20 年最具影响力机构",荣获了"中国优秀软件产品""浙江最佳创新软件企业""浙江省名牌产品""浙江省著名商标""浙江最佳创新软件产品""杭州市创新型试点企业"等荣誉 30 余项。公司被认定为"2013—2014 年度国家规划布局内重点软件企业"。

10.4　泰一指尚大数据营销平台

10.4.1　概述

杭州泰一指尚科技有限公司(AdTime)是一家大数据营销企业,也是一家运用大数据技术的创新科技型广告公司,可为广告主提供全网(基于互联网、移动互联网、互动电视等)一站式的营销服务及解决方案。AdTime 的业务范围覆盖国内互联网、移动互联网、广播电视网,推出"三网四屏"的全新广告架构,并在智能广告模型下提出多维度聚合广告投放解决方案,帮助广告主快速、精准、多层次地覆盖目标群体,将广告展示直接转换为效果价值。AdTime 的用户行为特征分析平台由 5 个维度独立产品系统所组成,为客户进行高效率的广告投放,帮助各互联网媒体、移动互联网媒体、广告代理公司等进行智能化广告运营管理。

10.4.2　主要产品

10.4.2.1　互联网精准广告投放平台:CCM

CCM(customer communication media)精准而有效的品牌营销解决方案,是建立在 Atlas 大数据分析平台支撑下的,它以技术引导投放效果为目的,通过对网络流量的采集、分析,挖掘用户的网站访问请求与上网行为的基础数据,对目标受众人群进行准确而全面的了解,并由此指引传播策略和机制的设定。在充分的技术支撑下,利用 AdTime 的优质资源与各类互动、定向、数据分析技术,提升品牌的营销效果。

10.4.2.2　移动互联网精准广告智能投放平台:手指客

作为移动互联网精准广告智能投放平台,手指客有其独特的核心技术及自主知识产权,包含用户特征识别、精准投放、客户端防作弊、广告智能投放等功能。手指客瞄准未来海量的手机用户,致力于为数以万计的广告主提供精准的产品营销和品牌推广服务。

手指客的功能主要有:

1)把广告代码(software development kit,SDK)嵌入到不同的 APP 应用中,大量的 APP 应用程序安装在各种类型的手机上,从而实现"基础手机云端"。

2)手指客移动互联网广告平台通过集中对嵌入广告代码(SDK)的云端进行管理,能够实现广告的统一分发和推送。

3)基于强大的云计算功能,手指客平台收集了来自各个云端的数据,包括用户行为、年龄、喜好兴趣、消费能力、地理位置等,这些数据入库后进行综合的关联分析,从而为产品的精准投放打下坚实的基础。

4)XAD:XAD 是 AdTime 的一套"三网融合、多屏互动"广告运营平台,利用增强现实、视频内容识别等技术将广告内容动态地植入视频成品中,将超音频作为广告推送的通道,并与多种移动终端无线互动,构建起一种"跨网跨屏"的全新广告承载模式,无论是专业影视内容还是 UGC 视频中都可以最大化地挖掘其广告价值。AdTime 研发的 XAD 产品,使视频广告投放管理更具实操性、可监测性,带动户外、电视等传统广告投放领域由被动、粗放向主动、精准转变。以来源丰富、载体广泛的视频资源为基础,借助多年互联网广告经验,为广告客户提供多渠道精确、量化、互动、所见即所得的品牌推广和产品营销广告服务。

5)社会化媒体营销平台:SNS+。

作为专业的社区(社交网站)行为分析平台,SNS+将目标对准 3 亿社交类网站用户群体,从需求入手,通过技术将用户的浏览行为转换为广告价值,将用户服务与广告营销相结合。通过 AdTime 自有语义分析及爬虫技术以及海量用户数据过滤技术,快速抓取微博、社交类网站内的广告关联信息,精准定位符合需求的用户群体,进而执行推广方案。

SNS+精准互动营销方案主要是通过微博、微信平台为企业广告客户提供微群体话题性广告执行策略,帮助企业客户快速聚拢与自身相匹配的微众。以微博、微信作为营销平台,将每一个受众看作潜在营销对象,通过话题、活动、事件等方式向粉丝传播企业、产品的信息,树立良好的企业形象和产品形象。

6)广告口碑及效果管理平台:ADMonitor。ADMonitor 是 AdTime 旗下主推的一款口碑及效果评估产品,该产品主要为广告客户提供最新的互联网/移动互联网口碑价值评估及风险管理。秉承"基于 SAAS、超越 SAAS"的云计算应用与服务理念,通过"云服务"的方式提供全新的口碑管理服务模式。ADMonitor 顺应"自媒体时代"的发展趋势,突破传统的信息采集技术,实现多领域的云口碑服务;拥有庞大的云口碑监测平台,7×24 小时实时监测上千万个信息源,比传统搜索引擎更快捷、更及时。

7)跨网多屏平台:DSP。DSP 是 AdTime 的一个跨网多屏平台,专门针对全媒体形式的需求方平台,依托大数据技术,为广告主全面提升 ROI。其主要特点是多平台数据采集、多维度数据管理、便捷操作与精准投放。

10.4.3 主要技术

10.4.3.1 Atlas 云图

Atlas 云图是 AdTime 构建的大数据平台系统,该系统具备海量数据、实时计算、跨网络平台汇聚、多用户行为分析、多行业报告分析等特点。Atlas 云图的"云"代表云计算,"图"代表可视化,"Atlas"即可视化云计算。Atlas 能够挖掘互联网数据的深层次关系,并依托可视化构建数据平台。

Atlas 云图架构主要由实时数据采集子系统、实时数据计算子系统、实时任务调度子系统、实时数据监控子系统、云计算平台、多维度模型、可视化数据仓库组成,简述如下:

1)实时数据采集子系统:采集手机多网段数据,这些数据在行为发生之后实时地传输到 Atlas 大数据平台中。

2)实时数据计算子系统:满足数据在收集传输过程中进行实时计算的需求,并且把结果瞬时反馈到不同网络的投放平台中。

3)实时任务调度子系统:根据任务性质的不同,计算不同的优先级来进行实时任务执行,从而能够有效地利用数据平台的计算资源。

4)实时数据监控子系统:根据数据的异样波动触发不同的行为,从而可以进行数据监测并观察实时数据的热点信息。

5)云计算平台:采用最新云计算平台架构,能够支持对海量数据的计算并可满足实时数据计算的需求。

5)多维度模型:可对多平台数据源构建复杂的数据模型系统,从而提供深度数据挖掘和跨平台用户行为的计算和跟踪。

6)可视化数据仓库:采用领先的动态可视化技术对数据进行深层次的直观展现。

10.4.3.2 真实需求动态匹配引擎 RDE

真实需求动态匹配引擎 RDE(realistic demand engine),它表示广告投放随着需求变化而变化,始终保持效果恒定,犹如动态的生态平台系统。

RDE 本身是 DSP 平台的一种升级。传统的 DSP 是通过单纯大数据信息采集并进行对应的关联分析,去划定网民的兴趣;而 RDE 是融入了时间营销策略的高级平台,它能更准确地判断出网民的真实需求。RDE 这一系统的核心观念在于时间营销的"时间即需求"策略的植入。

传统的 DSP 依托于大数据,仅仅只能判断出一段时间内网民大致的需求,而需求的变化趋势则很难判断。RDE 不仅通过大数据对网民的基础兴趣进行判断,同时,时间维度的切割能够找到瞬时所发生的需求变化。时间营销可针对网民的需求进行时间维度的切割,看到网民的需求高峰(产生购买行为点)是在何时产生的,以及他此时关注的事物与他的兴趣的落差,借此可以推断出网民的需求变化趋势。

10.4.4 应用模式

AdTime 拥有数据采集、数据清洗、数据挖掘、数据应用一体化的各项技术,依托强大的数据采集、分析和可视化能力,目前主要提供两类信息消费业务。

10.4.4.1 精准营销业务

通过对海量用户的行为分析,结合跨媒体调度和跨网多屏的全新形式,为客户提供基于 PC、移动、TV 多屏立体式精准营销服务,实现从品牌曝光、品牌互动直至交易转化的完整过程,有效地降低客户营销的成本,提升投资回报率。

目前 AdTime 已服务了多家国内知名电商企业,游戏平台公司和国际知名品牌,包括携程、亚马逊、保时捷、卡夫、中国电信、百度游戏、完美游戏等几百家客户。

10.4.4.2 行业分析

商业舆情监测：通过 AdTime 自主研发的行为监测引擎，可对口碑舆情、媒体表现、用户后续行为进行实时监测和关联分析，并结合行业客户的统筹管理，生成有针对性的行业营销数据报告，进而形成完整的商业舆情监测。

行业报告：基于 AdTime 对海量数据的分析能力，形成针对影视、金融等多个行业的数据维度模型，进而得出比较完整的行业需求数据，输出有针对性的独立行业报告，为企业提供行业市场分析服务，帮助企业提升竞争能力。

10.4.5 应用场景

10.4.5.1 品牌客户

通过对客户进行深入的研究，分析品牌传播诉求及目标人群媒体接触习惯，从投放媒体选择、投放方式、广告创意形式等多个维度提出专业的媒介策略。AdTime 在品牌客户方面提供的主要功能有：

1）目标受众行为分析：深度挖掘用户的需求，推断用户特征，锁定目标受众，为品牌策略的制定提供切实有效的依据。

2）媒体优化组合：用精准的数据分析衡量与目标用户最契合的网络媒体投放组合，跨媒体、跨终端组合投放，让广告呈现且仅呈现在他想要呈现的人面前，实现真正的精准投放。

3）广告创意形式：AdTime 拥有强大的创意团队与顶尖的技术团队，将内容与技术相结合，为品牌客户打造创新生动的互动广告。

10.4.5.2 电商客户

主要服务于互联网领域的电子商务平台运营商以及希望借助互联网实现产品销售的传统企业等相关机构。AdTime 致力于帮助客户在竞争逐渐激烈的电子商务市场取得先机，并取得良好的收入回报。

10.4.5.3 游戏客户

随着游戏平台的多元化、游戏玩家的不断增长、市场进入者逐渐增加，竞争环境日趋严峻。游戏开发商、媒体和广告主需要探索新的途径以衡量用户使用状况,理解游戏者行为,以及对存在于游戏者社区内的大量人口统计学和生活方式变化进行分类。AdTime 在这方面的应用主要有市场研究考察、用户行为挖掘等。

10.4.6　未来发展规划

AdTime 计划进一步提升技术研发实力,突破及掌握数据爬取及采集、高速数据全映像、大数据建模、数据可视化及新型数据挖掘分析等关键技术,将精准营销、商业舆情服务各项业务覆盖至中国大陆、东南亚、拉美、俄罗斯等地。

10.4.7　企业简介

杭州泰-指尚科技有限公司(AdTime)于 2005 年在北京成立,2012 年响应浙商回归号召,将总部从北京搬迁至杭州高新区。目前,该公司在北京、上海、广州、深圳、合肥、成都和新加坡均设有分支机构,并在杭州、北京、美国硅谷三地建有技术研发中心,同时与中科院计算所、中金证券研究所、中信证券研究所、浙江大学、北京邮电大学、北京航空航天大学、Open Web Globe 等多家国内外科研机构开展一系列大数据相关领域的联合研究。公司目前员工人数已达 300。

10.5　遥指科技个性化智能推荐引擎系统

10.5.1 概述

遥指科技的个性化智能推荐引擎通过智能推荐算法对用户进行感兴趣内容的精准推荐,实现为不同需求的用户提供个性化的内容展现,能显著提升用户体验的价值,提升用户获取信息的质量与效率,可支持手机阅读、资讯、视频、音乐、游戏、定向广告、社交网络、电子商务等各领域的个性化推荐服务。

10.5.2　主要功能

10.5.2.1　阅读推荐引擎

iRecom 推荐引擎系统在手机阅读上的个性化推荐应用包括：

1）首页"猜你喜欢推荐"：帮助用户快速发现感兴趣的内容，给用户以"发现"的惊喜，减少用户特别是新用户登录后的流失率。

2）在商品详细介绍页面的推荐：在商品详细介绍页面，提供同类或相关商品的推荐，帮助用户提升选择决策的质量，提升商品交叉销售机会以及网站黏性。

3）购买过程页面的推荐：在收藏夹、购物车、订单等页面，根据用户的偏好提供更多关联商品的推荐，增加成交转化率及交叉销售的机会。

4）基于当前浏览记录的实时推荐：根据用户当前浏览的商品信息，实时推荐关联商品，及时把握用户需求，给用户提供良好的购物体验。

5）新用户发展及老用户留存的短信 PUSH/EDM 邮件营销推荐：可直接应用推荐算法结果帮助进行客户发展与留存的主动营销。

10.5.2.2　资讯推荐引擎

1）资讯推荐引擎支持分析师对资讯应用的需求。

①实现资讯的自动化挖掘分析、自动过滤重复信息、自动进行资讯分类，方便分析师更为便捷地应用不断进入资讯中心的信息。

②构建资讯、股票知识库，帮助分析师充分挖掘出资讯信息的应用价值。

③资讯推荐引擎支持客户的资讯应用需求。

2）在海量资讯信息中识别出用户感兴趣的资讯，实现资讯的个性化服务，提升用户对服务的满意程度。

3）实时挖掘资讯的热点信息、实时挖掘资讯与产品/股票的关联关系，利用资讯来促进产品/股票的交易并提升客户的收益。

10.5.2.3　视频推荐引擎

iRecom 推荐引擎产品能系统地支持 iTV 等视频平台的个性化推荐应用，主要功能包括：

1）首页"猜你喜欢推荐"：帮助用户快速发现感兴趣的内容，不断地给用户带来惊喜,提升用户体验的价值及人工运营的效率。

2)内容简介页面的推荐:在影视内容的简介页面提供同类节目及其他可能感兴趣的节目的推荐,如果用户对当前的内容不感兴趣,则可以快速切换到新内容的介绍页面。

3)看完一部片后推荐:当用户看完一部影片之后,可以给其提供同类或者相关节目的推荐,用户就能避免返回及重新查找节目的烦琐,从而节省了一定的时间。

4)节目内容预告推荐:给用户提供其感兴趣的影视节目的预告,吸引用户关注的同时也给影片带来了一定的关注度。

5)电视节目实时推荐:提供当前时间段内,用户最可能感兴趣的电视频道的节目推荐。

6)个性化推荐专栏:提供适合用户兴趣偏好的节目及内容的集成推荐,打造适合用户的个性化信息入口,提升用户对 iTV 的黏性。

10.5.2.4　音乐推荐引擎

iRecom 推荐引擎产品能系统地支持音乐平台的推荐,主要功能有以下几点:

1)偏好音乐推荐:推荐系统可以识别用户的音乐偏好与听歌场景,帮助用户快速发现其感兴趣的音乐,减少用户特别是新用户登录后的流失率。

2)新歌推荐:结合用户的喜好,进行新歌或用户未曾听过的歌曲的推荐,给用户带来意外的惊喜。

3)同类音乐推荐:通过对音乐基因进行解析,识别同类音乐,音乐推荐引擎可以进行同类音乐的播放列表推荐。

4)音乐社交推荐:基于用户的听歌偏好,推荐引擎可以给用户推荐具有相同偏好的好友,并且给有类似喜好的好友分享当前在听的歌曲。

10.5.2.5　游戏推荐引擎

iRecom 推荐引擎产品能系统地支持游戏平台的个性化推荐,主要应用如下:

1)首页推荐:帮助用户快速发现感兴趣的游戏,给用户以意外的惊喜,减少用户特别是新用户登录后的流失率。

2)搜索列表页面推荐:对搜索引擎的结果进行补充,洞察用户的兴趣与意图,帮助用户更大可能地发现其感兴趣的游戏。

3)游戏详细介绍页面的推荐:在游戏详细介绍页面,推荐引擎能够提供同类或相关游戏的推荐,帮助用户提升选择决策的质量与效率,同时还可以提升网站的黏性。

4)购买过程页面的推荐:在收藏夹、购物车等页面,游戏推荐引擎可以提供更多游戏相关产品的推荐,形成套餐包式地销售。

5)基于当前浏览记录的实时推荐:推荐引擎会根据用户当前正在浏览的游戏信息,实时推荐关联游戏及产品,及时把握用户的需求,给用户带来良好的体验。

6)广告定向推荐:帮助游戏网站实现更精准的广告定向推荐,实现个性化的广告推送,提升游戏商广告的覆盖率与转化率。

7)资讯个性化推荐:游戏推荐引擎针对不同的用户,可以实现个性化的资讯展示及与资讯相关联产品的推荐。

10.5.2.6 电商推荐引擎

电商推荐引擎的主要功能包括:

1)手机智能推荐:根据用户购机风格测试的结果,提供最适合用户偏好风格、功能特色与心理价位的手机品牌型号的推荐。

2)套餐及合约机智能推荐:首先测试用户的消费特征,智能推荐最适合用户的套餐与合约机,并帮助用户分析如何节省资金。用户只需要点点鼠标就能够知道各运营商中最适合自己的那一款套餐。

3)精彩话题专区:围绕用户关注的热点话题,提供高质量的资讯文章,帮助用户全面地了解购机、选套餐、选合约机等相关知识,并帮助智能机用户发现好的应用、分享手机使用的技巧与经验。

4)机友分享与问答社区:为用户提供微博形式的分享与问答社区,用户在这个社区中可以便利地分享与获取手机相关的知识,而且能够结识相关的机友进行交流。

10.5.3 主要技术

iRecom 推荐引擎系统架构如图 10-1 所示。

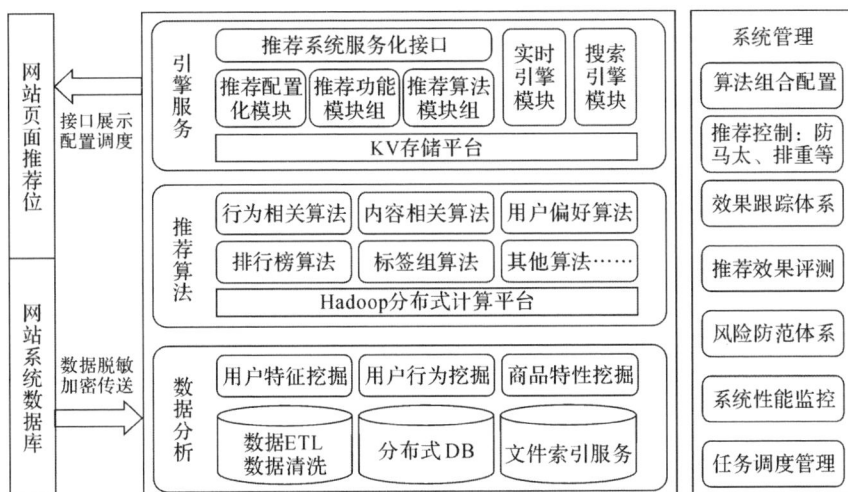

图 10-1   iRecom 推荐引擎系统架构

10.5.4   应用现状

遥指科技主要面向文化行业、金融证券、工业制造、电子商务等领域企业用户提供推荐引擎与大数据分析解决方案。目前已有的合作成果有：

1）作为上交所信息网络有限公司技术服务商，遥指科技已成功为上交所提供了"上证 e 互动""企业邮件系统""上市公司信息平台""个股期权"等产品解决方案，并正在进一步进行"企业舆情系统""基于数据的移动应用产品"等方面的合作。

2）基于云计算平台，遥指科技为亿维律师事务所提供上千个网站的版权侵权影片的实时监控。遥指科技还可以利用大数据技术为网络设备制造企业提供企业网站日志分析、广告投放效果分析、系统安全日志分析等大数据分析服务。同时，还能够给煤矿生产企业提供设备维护智能诊断与预见性维修的大数据分析解决方案。

3）遥指科技为某政府部门构建大数据分析平台，整合行业级海量数据，结合互联网舆情分析，为政策制定与实施提供大数据管理抉择分析支持，为行业发展趋势提供分析预测。

4）遥指推荐引擎产品应用于中国电信天翼阅读个性化推荐，推荐页面点击率提升了 2 倍；付费转化率效果平均提升了 2 倍，付费转化率创历史新高，超过人工运营效果。目前已与多家知名的手机阅读、影视、游戏、电商等平台签署了合作协议或达成合作意向。未来会进一步重点推广在文化领域的应用,并依托在文化行业的数据积累,构建文化产品流行趋势大数据分析及广告精准投放平台。

10.5.4　企业简介

杭州遥指科技有限公司成立于 2012 年 3 月,公司主要研究大数据、商业智能、推荐引擎等技术。遥指科技致力于成为移动互联网时代大数据与商业智能应用专家。公司当前专注于为文化传媒、金融证券等行业提供个性化、智能型、互动式、移动性的营销与服务产品解决方案,同时面向个人终端用户提供基于大数据与推荐引擎技术的移动互联网应用产品。

11 大数据视频典型应用

11.1 海康威视视频大数据平台

11.1.1 概述

大数据时代对人类的数据驾驭能力提出了新的挑战与机遇。海康威视作为领先的安防产品及解决方案提供商,利用视频大数据方面的优势,在公安、交通、司法、金融等多个领域不断地进行拓展与创新。

11.1.2 主要内容

11.1.2.1 公安行业

公安机关部门警种繁多,业务繁杂,造成了数据的海量化和类型的多样化,针对互联网信息、生物特征信息,视频、图片、语音、文本、多媒体等大数据处理分析,也是当前公安信息化建设的重点和难点。不断加大包括公安内部信息资源数据,社会信息资源和互联网信息资源等在内的数据整合、处理分析和深度挖掘,是公安信息化发展的永恒主题。随着信息社会大数据时代的到来,对公安行业而言,挑战和机遇并存。一方面,传统信息技术和数据处理方法已不能满足海量极速增长的非结构化和半结构化数据分析处理的要求,公安信息化面临"瓶颈";另一方面"大数据"技术为现实难题的破解提供了一种更为简单、有效、廉价和高性价比的解决方案,同时也使在原有技术环境下,由于需要高成本投入支撑而未能实现的一些数据增值功能与服务成为现实。

海康威视提供的智慧型平安城市解决方案,有效利用非结构化与半结构化大数据技术,按照业务需求进行全面、准确、实时、智能的感知和掌握,注重对信息的分析、过滤、鉴定、挖掘、对比、整合等系统协同,重视数据的高水平使用,以提升城市管理能力和服务水平,为智慧警务的发展提供良好基础和可能的现实途径。

建设城市视频监控系统是实现城市安全和稳定的重要基础,是"平安城市"建设的重要组成部分,更成为"智慧城市"的重要载体。随着高清监控技术日趋成熟,"高清化"已经成为平安城市建设的一种必然趋势。城市视频监控系统已经由"看得见"的视频安保系统,全面转向"看清楚"的高清平安城市联网系统,并遵循"建为用,用为战"的原则,开始了"看明白"的智能化的系统建设。为了实现这一目标,海量高清数据如何存储与应用,是新形势下公安信息化建设过程中面临的难题。

11.1.2.2 交通卡口

(1)高清卡口应用系统

机非人混合车道目标抓拍卡口系统(公路车辆智能监测记录系统)是公司自主研发的新一代智能卡口系统。它融合了多项专利技术,采用了多项 IT 高新技术,如视频编解码技术、嵌入式系统技术、存储技术、网络技术、智能技术和模式识别技术等。它既可进行本地独立工作,也可联网组成一个强大的安全防范系统。

(2)电子警察

视频电子警察系统是一种面向城市交通管理的路口型综合型违法监测记录系统。它采用车牌识别、车辆视频检测、车辆视频跟踪等多种视频智能技术对车辆进行复合型检测,实现卡口过车记录、电警违法检测、视频监控、道路交通参数采集四位一体的功能。系统采用智能高清智能摄像机,支持 25 帧实时画面输出,系统输出图片成像清晰、监控画面流畅。

系统具备对违反交通信号灯、不按导向标志行驶、逆行、违反禁止标线、违法变道、机占非、路口滞留等多种路口型违法行为的自动检测和记录功能。系统同时具备通行车辆抓拍和记录、全天视频监控录像、交通参数采集、数据存储上传、设备状态管理等多种复合功能。

11.1.3 技术特点

11.1.3.1 视频大数据处理技术

高质量清晰可辨的图像是视频大数据应用的基础,能在智慧型平安城市建设中为案件侦查提供高价值的线索,但是在实际应用中,由于涉案视频来源于不同的监控厂家的监控设备,各视频的编码格式、封装格式不一致,甚至传输标准都不一致,使得在查看视频时需要不断切换播放器,导致效率低下;另外,由于环境恶劣、设备质量不佳、拍摄距离太远等原因,使得画面质量不高,不利于发现视频中的相关目标与细节信息,从而限制了视频大数据的应用。海康威视拥有全球领先的图像处理技术,能够极大地改善不足,提升监控视频的价值,促进视频大数据的使用效率。主要图像处理技术包括:视频转码技术、视频增强技术、图像复原技术等。

视频大数据应用主要涉及从平台技术、应用模式到数据整合、数据存储、挖掘应用等多方面、多层次、多角度的探索研究。其中,大数据服务平台技术作为视频大数据应用的基础设施保障至关重要。目前,智慧型平安城市各相关部门及公安机关治安防控、智能交通、危机管理、犯罪情报、应急指挥等多警种业务部门对警务大数据应用提出迫切需求,相关业务部门也试图根据自身业务需求构建专题大数据及应用。通过利用先进的视频大数据处理技术,可基于智慧城市体系构建警务大数据统一服务平台,促进智慧型平安城市建设。

视频大数据检索、挖掘技术是视频大数据处理的关键技术,是面向平安城市建设实际工作需求,支撑开发智慧警务的大数据挖掘分析工具和开发环境的重要组成部分。具体技术有:

(1)分布式智能全文检索技术

警务大数据仅仅依靠单节点进行智能全文检索已远远无法满足性能要求,研究分布式的多节点并行处理技术,能有效缩短响应时间,提高系统性能。

目前基于关键字匹配的检索虽能满足一定的应用需要,但跟人的语义理解还是有较大差异,研究基于语义的模糊匹配和多条件关联匹配,有利于快速发现高价值信息。

(2)基于图像识别的检索技术

警务大数据中存在海量的图片数据,目前的检索技术还是以特征文本描述检索为主,这需要耗费大量的人力、物力开展特征描述,当数据持续增长时,这将是越来越困难的一个任务。研究图像识别及模糊匹配技术,有利于节约资源,并促进人脸匹配、步态匹配、行为匹配等应用的开展。

(3)关联网络可视化分析

利用可视化分析,将各种不同信息图形化,建立不同数据来源、不同信息之间的公共元素和联系,建立起不同实体之间的关联,从而发现那些隐藏在警务大数据中的有价值的关联性线索和情报。

(4)基于内存网格的实时数据分析

通过建立多节点内存网格承载海量分析数据,并在内存中进行高速关联、比对,满足布控、比对的高实时性要求。

11.1.3.2　视频大数据目标特征提取与结构化处理技术

视频大数据应用的基本原理:在海量获取和广泛记录现实社会或虚拟社会中存在的各种目标源信息,包括各种对象(人、车、物,虚拟人、虚拟物)、过程(状态、行为或轨迹)和事件等的基础上,开展实时应用和数据挖掘利用,包括嫌疑目标的发现、检测与跟踪,关注对象的特征提取、关联应用和智能分析等,进而实现业务相关的智能感知、目标识别、知识发现和价值挖掘等应用需求。在面向业务需求驱动的警务大数据应用中,各种目标源信息的特征提取技术尤为关键。在治安防控、智能交通、犯罪情报、应急指挥等警务工作中,时刻不断地在产生和获取、存贮大量的数据,结合业务实战的实时应用和数据前期自动处理、智能识别及后期的挖掘利用都有赖于有效可靠的目标源信息特征提取技术。由于关注对象的类别各异,前端采集设备种类繁杂,获取的信息数据结构各异、来源相互独立,使得数据的分析和应用非常困难,这也就制约了警务大数据的应用。提高前端采集设备的自动化、智能化、结构化处理水平,对于提高效率和实时实用能力等将起到非常关键的作用。大数据在提升社会安全立体化、实时动态防控能力方面发挥了重要作用,面向不同场景的智能获取技术与面向不同对象和格式的数据统一接入技术至关重要,也成为目前视频大数据研究发展的重要内容之一。

11.1.3.3　高可信数据存储和安全访问控制技术

规模庞大的感知设备、繁多的业务系统每天产生海量的数据,这些数据既有结构化的,也有半结构化和非结构化的,并涉及大量的机密信息。

（1）基于可信存储技术构建存储集群

构建基于 SAN 体系结构的集群存储,采用两层透明访问策略以实现用户对存储设备的透明性访问以及调度器具体实现对用户的透明。采用分布式存储节点和异构存储介质虚拟化管理方法,通过物理存储介质的定向性、虚拟化、动态分配技术简化存储管理、保证存储系统的运行连续性,实现存储介质的在线扩容;研究快照流方法,以及基于 IP/FC 网络的同步/异步数据复制,实现数据的灾难备份和恢复。基于虚拟化技术实现不同用户间的数据隔离,研究通过虚拟存储技术实现物理磁盘的虚拟分配,保证用户一对一或者一对多地使用虚拟卷,从而保证不同用户的数据隔离。

（2）采用大数据安全访问控制策略

面向警务活动的大数据存储,采用的加密系统不仅要支持细粒度的访问控制,而且还要满足高性能、完全授权、可扩展等需求。多级安全策略将用户主体和数据客体分成安全级别进行标识,通过对存储服务器上的资源进行分级管理,确保主体对机密数据的访问按照信息安全规定和实际工作需要的原则进行。用户自主的数据共享管理,可通过设定不同的访问权限,控制对数据资源的安全访问,授权共享的用户才可使用数据资源,保障存储数据安全。

11.1.4　商业模式

海康威视是国内最大的安防企业,可向用户提供定制化服务、一站式服务、差异化服务等多种服务模式,最大程度地满足用户需求。

（1）定制化服务

海康威视根据公安、交通、金融、能源、司法、楼宇、文教卫、民用市场等不同客户的应用需求开展定制化服务,并成立相应的行业事业部,开发满足各个行业实际应用需求的专属平台。

（2）一站式服务

海康威视拥有视频监控领域的全线产品,可充分满足客户在硬件、软件、行业解决方案,以及智能可视化管理(intelligent visual management,IVM)的全部需求。

（3）差异化服务

针对视频监控客户主题差异较大的现状,海康威视实行项目总承包、项目分包、设备销售、设备租赁、提供解决方案、提供互联网视频监控服务等多种服务模式。

11.1.5 未来趋势

　　智慧型平安城市是视频大数据的典型应用，更是智慧城市的一部分，应采用全局性战略视角，对平安城市的定位进行重新审视，从平安城市的业务体系、技术架构、运行机制、政府和社会的关系、运维管理、运营服务、建设方式等多个维度思考。随着智慧型平安城市的不断建设，城市将实现全面感知、数据互联互通传输、应用服务体系不断完善，为大数据的融合应用提供更好的基础条件，大幅提升公共安全防控体系的智慧化水平。同时，全面的感知与数据的共享将使城市中的人、车、物转化成可检索、查询、分析的数据，使城市的交通管理与城市管理变得高效与准确，做到资源集约共享、过程可管可控，从而构建交通顺畅、生活便利、环境优美的城市条件，将数据转化为便捷服务。

11.1.6 企业简介

　　杭州海康威视数字技术股份有限公司（以下简称海康威视）成立于 2001 年，拥有全球员工 2 万人（截至 2016 年年底），其中研发人员超 9300 人，研发投入占企业销售额的 7%～8%。公司专注于视频监控技术与产品的持续研发，在数字视频监控领域已经形成包括编解码算法、硬件技术平台及软件平台开发等在内的完整技术体系，积累了大量的行业应用经验。目前拥有视音频编解码技术、图像处理技术、视音频数据存储技术、网络传输和控制技术、专用集成电路的应用技术、嵌入式系统开发技术和视频分析与模式识别技术、大数据处理技术等八大核心技术，拥有包括视频采集、编码、传输、存储、控制、解码输出、大屏显示、中心管理平台等层次递进的全线监控产品，可提供摄像机/智能球机、光端机、DVR/DVS/板卡、网络存储、视频综合平台、中心管理软件等安防产品，并针对金融、公安、电讯、交通、司法、教育、电力、水利、军队等众多行业提供合适的细分产品与专业的行业解决方案。

　　海康威视是全球视频监控数字化、网络化、高清智能化的见证者、践行者和重要推动者。连续 6 年（2011—2016 年）蝉联 iHS 全球视频监控市场占有率第一位，硬盘录像机、网络硬盘录像机、监控摄像机第一位；连年入选"国家重点软件企业""中国软件收入前百家企业"、A&S《安全自动化》"中国安防十大民族品牌"、CPS《中国公共安全》"中国安防百强"（位列榜首）；2016 年，在 A&S《安全自动化》公布的"全球安防 50 强"榜单中，海康威视位列全球第一位。

11.2　大华视频大数据平台

11.2.1　概述

浙江大华技术股份有限公司(下称浙江大华)研制的安防系统视频大数据平台有效整合安防行业云计算 IaaS,PaaS,SaaS 各层,可实现存储简单化及系统稳定化,以及对视频数据的高清、实时处理。

11.2.2　主要内容

11.2.2.1　智能交通行业

智能交通综合管理平台集成整合 CCTV 电视监控、交通信号控制、交通态势监控、交通流检测、交通信息诱导发布、闯红灯监测、治安卡口监测、GPS 车辆定位、110/122 接处警、交通紧急救援、车辆驾驶员管理、违章管理、事故管理等管理技术手段,可为交通管理者提供一个以地理信息系统(geographical information system,GIS)为可视化基础的管理环境。其主要产品特点包括:

- 实现交通管理综合数据标准化;
- 实现与多个交通管理各个子系统的无缝集成;
- 实现对重点车辆的防范性和控制性管理功能;
- 实现对重点区域异常车辆的自动研判和预警功能;
- 实现对特定车辆行车轨迹的自动刻画功能;
- 实现对重点节点道路交通信息的远程再现功能。

11.2.2.2　教育行业

大华校园安防综合系统解决方案以视频监控应用为基础,融合了报警、门禁、出入口管理等多种安防子系统,并辅以各种智能分析服务器,有力地提升了学校管理者的管理效率。

11.2.2.3　能源行业

建设一个集日常生产管理、安全防范、事故防范及事故应急救援指挥为一体的综合动态安全视频监控系统，可提升能源供给各环节的规范管理、监测预警和事故隐患排查、治理能力，把事故隐患消灭在萌芽状态，从而杜绝及防范事故的发生。

11.2.2.4　司法行业

结合数字视频监控系统和数字笔录指挥系统于一体的审讯室全程同步录音录像高清数字问讯系统实现了办案音视频数据、笔录、指挥的数字化，增强了案件审讯的合法有效性，也同时帮助办案人员方便快捷地整理及保存案件资料，以供以后的调阅及审查。

11.2.2.5　公安

浙江大华推出的以 M60 视频综合平台为主体的第三代平安城市解决方案，充分满足并适应新一代平安城市建设对于高清、智能、融合的应用需求，有效地推动公安信息化建设。

11.2.2.6　金融

浙江大华针对金融行业视频安保监控发展现状，推出高清智能化视频监控整体解决方案，打造高清金融安保系统，为金融安全护航。主要包括如下子系统：音视频监控系统、入侵报警系统、出入口控制（门禁）系统、语音对讲系统和智能化系统。

11.2.3　发展现状

近年来，浙江大华持续加大研发投入，效率不断提升。浙江大华发布了基于 HDCVI 技术全系列高性价比前后端产品、DSS7016 监控平台一体机、业内首款 50 帧智能交通高清摄像机等数百款产品，并推出了大型智能存储、智能应用、金融、公安、智能交通等行业高清解决方案，其中以综合监控管理平台一体机 DSS7016 系列为核心的大型智能存储解决方案开创了软件平台硬化视频监控管理新模式。浙江大华开发用于智能监控系列产品建设项目为视频监控的智能化时代到来做了充足的技术储备。同时,浙江大华推出民用平台"华视微讯",正式拉开了进军民用安防市场的序幕。

11.2.4　未来趋势

当前,视频监控的应用已远不再局限于提供安全防范和简单的视频录像提取,由于视频监控智能化应用对降低人力成本,提升监控效率有着明显的帮助,人脸检测、音频检测、智能行为识别等技术为事先预警提供了可能,市场对智能监控产品的兴趣和需求与日俱增。

未来,浙江大华将顺应安防行业发展趋势,加快新产品的开发进度,推进全球品牌战略,扩大产品能力,提升交付水平,不断追求和提高品质,紧紧围绕"大安防"战略,逐步完成从产品供应商向为客户提供一揽子解决方案的综合型安防供应商转变,着力推进市场高清、智能普及,积极布局民用安防市场。

11.2.5　企业简介

浙江大华技术股份有限公司是全球领先的视频监控解决方案提供商之一。公司自 2002 年推出业内首台自主研发 8 路嵌入式 DVR 以来,一直持续加大研发投入,并不断致力于技术创新,每年近 10% 的销售收入投入研发工作,现拥有 6000 余人的研发技术人员。公司在国内 32 个省市,海外亚太、北美、欧洲、非洲等地建立了 35 个分支机构,为客户提供端对端快速、优质服务。产品覆盖全球 160 个国家和地区,广泛应用于公安、金融、交通、能源、通信等关键领域,并相继问鼎 APEC 峰会、世界互联网大会、9.3 大阅兵、里约奥运、G20 杭州峰会等重大工程项目。

浙江大华作为国家级高新技术企业,2008 年 5 月成功在 A 股上市(股票代码 002236),公司拥有国家级博士后科研工作站、国家认定企业技术中心,相继与 ADI、TI、ALTERA 等建立了联合实验室,现已承接 3 项国家高技术产业化重大专项、1 项国家科技重大专项课题、4 项电子信息产业发展基金项目。公司已拥有专利 639 项,其中拥有授权发明专利 145 项。公司 2006—2010 年连续 5 年被列入国家规划布局内重点软件企业;连续 10 年荣获中国安防十大品牌;连续 9 年入选 A&S"全球安防 50 强",2016 年位列全球第四;2016 年 IHS 机构权威报告全球视频监控市场占有率位列第二。

11.3 阜博通音视频内容识别技术平台

11.3.1 概述

杭州阜博通影音传播科技有限公司是以影视基因技术为核心的音视频内容识别技术平台,能够自动识别、保护和管理各种多媒体资源,主要面向广电、公安、版权、互联网等领域,广泛应用于网络音像内容管理、新媒体数字版权保护、互联网音视频商业增值及基于音视频内容的新一代搜索引擎等热点领域。

11.3.2 主要内容

阜博通音视频内容识别技术平台主要包括音像内容管理、新媒体版权保护、音视频商业增值、音视频搜索引擎四个方面。

11.3.2.1 音像内容管理

(1)网络视听内容监管系统

基于影视基因技术的网络视听内容管理系统,能够对被管理网站的视听内容进行全面、准确、实时的扫描检索,对其管理范围内的视听内容进行采集并且自动向管理建档中心登记备案,不仅能够对所有的内容进行统一管理,更可以实现实时审查、数据统计分析和定期的复查。其核心功能主要有:网络视听内容采集、网络视听内容登记备案、网络视听内容实时审查、网络视听内容统计分析和网络视听内容集中审查/复查。

(2)音像内容管理监督系统

音像内容管理监督系统的核心功能有:登记备案功能、实时审查功能、自动通知功能、管理功能、策略管理功能、查询功能、统计功能、趋势分析功能、辅助功能等。

基于影视基因技术的音像内容管理监督系统能够对被监管对象的音像内容进行全面、准确、实时的扫描检索,促使所有被监管的音像内容能够自动到监管建档中心登记备案,不仅方便音像内容监管部门对所有内容进行集中统一管理,同时还支持定期复查功能。

（3）有害音视频监测系统

基于影视基因技术的有害音视频监测系统是公安网监警用的有害音视频内容专用监测管理工具。该系统能对被监管对象（网站、网吧、IDC等）的音视频内容进行全面、准确、实时的扫描检索，实现所有监测范围内的音视频内容在监管建档中心进行自动登记备案、集中统一管理和定期复查等功能，从而对有害音视频内容播出源进行有效监控和高效管理。该系统的核心功能主要有：监测功能、通知功能、管理功能、策略管理、查询功能、统计功能、趋势分析功能、辅助功能。

11.3.2.2 新媒体版权保护

阜博通的影视基因系统为新媒体版权检测管理提供了一系列的产品与解决方案，既可以满足影视公司发现视频网站上盗版内容的需求，又可以满足视频网站自动过滤用户上传盗版内容的需求。此外，在解决版权问题之后，影视基因系统还将促成影视公司与视频网站之间就广告分成达成合作，并提供技术支持。该系统核心功能包括：实时监测、精确识别、侵权数据统计、可视化图形报表、界面管理、自动发送侵权警告。

11.3.2.3 音视频商业增值

（1）网络音视频广告插播系统

影视基因系统支持视频网站或版权所有者预先对视频内容需要插播的广告及插播的位置等进行定义，并对网站上相关视频内容进行精确识别，同时根据预先定义的插播广告内容、插播位置等对视频内容进行定向的、动态的广告插播，从而有效避免版权纠纷等问题的发生，实现共赢。该系统核心功能包括：精确识别、广告插播、广告效果统计、操作管理和报表。

（2）网络媒体资源管理系统

网络媒体资源管理系统适用于网络海量媒体资产的管理应用，能够满足不同阶段的媒体资产拥有者创建、挖掘、存储、管理、审查、发布各种形式信息的要求，通过有效的数据管理来实现网络媒体资源的有效管理和增值。该系统核心功能包括：管理、策略、查询、统计、自动报表、数据挖掘和辅助。

11.3.2.4 音视频搜索引擎

音视频搜索引擎系统核心功能包括:精确识别功能、搜索分析、搜索拓展、信息管理和视频数据库。

11.3.3 主要技术

影视基因技术不仅具有极高的稳定性和识别力,而且实现了大规模数据库中的高效率匹配与获取功能,为音视频内容识别过滤、内容追踪、版权保护、视听节目监管等应用领域提供了扎实有效的解决方案。其主要技术优势有:

1)特征稳定:影视基因是稳定的,不会随着视频文件被转换格式、剪辑拼接或压缩而发生变化。只要视频内容是相同的,它的影视基因就基本保持不变。

2)全面查询:影视基因可以由音频和视频共同生成,不会仅仅依赖于音频、文本(可见或隐藏的字幕等),或者相关信息(例如标题、日期、版权信息等)进行识别,这大大地提高了对拼接内容和配音版本进行识别的准确性。

3)精确识别:影视基因具有唯一性,不同视频内容的影视基因会显著不同,这使得视频识别匹配具有极高的精准度。

4)快速高效:影视基因可随时快速提取,能够数十倍于实时,且不会改变原始的视频内容。此外,即使在一个巨大的母片基因库中,影视基因的查询比对也是非常高效的。

5)数据紧凑:影视基因的数据量非常紧凑,比如,一个典型的可存两个小时视频内容的单面 DVD 盘(D5)能够存下从几千小时视频中提取出来的影视基因数据量。

6)分段独立:影视基因是分段独立的,因此,可以通过影视基因识别经过剪辑或拼接处理的视频内容,识别结果精确到具体时间点。

影视基因采用全新的独特算法与工作方式,有效解决了水印、哈希转换等传统内容识别技术的盲点,达到了传统技术无法匹敌的精确度和实用性。影视基因技术的主要创新性有:

1)影视基因可随时、快速从音视频中提取,并且不会改变视频本身的内容。

2)影视基因非常稳定,对于同样的音视频内容,无论是转换格式、进行剪辑拼接还是被压缩,它的影视基因基本保持不变,可以高度精准地识别音视频内容。

3)影视基因可同步分析视频和音频,双重对比使得结果更加精确。

11.3.4　应用情况

11.3.4.1　中国版权保护中心

中国版权保护中心和阜博通合作建设"全国网络视频版权监测及调查取证服务平台",该平台以阜博通影视基因技术为核心,面向各级政府机关、司法机关、行业协会、行业监管组织等版权管理机构以及新媒体著作权人、使用权人等,为包括来自中国、美国、日本、韩国等在内的权利人提供了网络视频版权监测与服务,起到了至关重要的作用。

11.3.4.2　CCTV 央视网

2008 年,"影视基因"技术经 IOC 国际奥委会确认,与 CCTV 央视网携手,成功应用于 2008 北京奥运新媒体版权保护系统,最大程度地制止了奥运电视内容在互联网上的非法传播,为首次数字奥运保驾护航。

11.3.5　企业简介

杭州阜博通影音传播科技有限公司,是由浙报集团参与投资组建,专业从事互联网音视频内容管理,致力于提供先进的影音内容识别技术和服务。该公司专注于网络音像内容监管、新媒体数字版权保护、网络视频定向广告插播等领域产品和服务的提供,现已拥有网络视听内容管理系统、有害音视频监测系统、音像内容管理监测系统等系列产品,产品应用范围包括广电、公安、版权、互联网等领域,为政府以及各级企业、事业单位提供基于网络平台的全方位、优质的产品开发、系统方案设计、实施和服务。

12 云安全典型应用

12.1 安恒明御数据库审计与风险控制系统

12.1.1 概述

为了解决和满足数据库信息安全领域的深层次应用及业务逻辑层面的安全问题及内控审计需求,杭州安恒信息科技有限公司在深入研究审计需求结合其数据库安全方面的深厚技术底蕴的基础上,结合各类法令法规对数据库审计的要求,研制了明御数据库审计和风险控制系统(DAS-DBAuditor),即面向企业核心数据库的、集"事前评估、事中监控和全方位的风险控制、事后深层次的挖掘和审计和自动恢复"一体的零风险综合数据库审计和风险控制设备,为客户的核心数据库提供全方位的静态和动态监控,审计和风险管理功能,实现系统运行可视化、日常操作可跟踪、安全事件可鉴定。

12.1.2 主要内容

明御数据库审计和风险控制系统基于"金字塔模型"而设计,包含原始信息收集、审计信息标准化、审计信息筛选、预警与报表四大模块。

12.1.2.1 原始信息收集

明御数据库审计和风险控制系统通过旁路镜像的模式进行部署,可以在不改变用户现有网络结构、不占用数据库服务器资源、不影响数据库性能的情况下实现对数据库的访问行为审计。DBAuditor 支持分布式部署,能够实现配置与报表的集中管理、并发流量采集与处理、多点存储、多级管理。DBAuditor 还可提供自动定期发现功能,及时发现一些未知的数据库错误并发出告警,并将这些位置的数据库自动加载为审计对象。

12.1.2.2 审计信息标准化

明御数据库审计和风险控制系统支持国内外主流数据库,包括 Oracle、SQL server、DB2、MysQL、Informix、Sybase、PostgreSQL、神通 OSCAR、达梦 DM、人大金仓、南大通用 Gbase、CACHé、Teradata 共 13 种协议,并将不同数据库协议按照标准化的格式进行展示,方便管理人员阅读和分析。

12.1.2.3 审计信息筛选

明御数据库审计和风险控制系统根据 5W1H 分析模型进行规制设计,提供丰富的规则条件和向导式的规则配置方法,同时内置了 300 多条与安全相关的审计分析规则。

12.1.2.4 预警与报表

明御数据库审计和风险控制系统提供 Syslog、短信、邮件、SNMP、FTP 等丰富的告警方式,可第一时间通知管理人员,并可与 SOC、安管平台等进行日志的整合。该系统内置了 40 多种高价值、符合法律法规的分析报表,可从数据库账号增删、密码修改、权限变更、高危操作、违规告警、账号复用、数据库性能分析等角度进行分析,同时支持以自定义的方式定制更多报表。

明御数据库审计与风险控制系统主要的功能包括静态审计、实时监控与风险控制、动态审计(全方位、细粒度)、审计报表、安全事件回放、综合管理。

(1)静态审计

数据库静态审计代替烦琐的手工检查,预防安全事件的发生。明御 TM 数据库审计与风险控制系统依托其权威的数据库安全规则库,自动完成对几百种不当的数据库不安全配置、潜在弱点、数据库用户弱口令、数据库软件补丁、数据库潜藏木马等静态审计，通过静态审计，可以为后续的动态防护与审计的安全策略设置提供有力的依据。

(2)实时监控与风险控制

明御数据库审计与风险控制系统可保护业界主流的数据库系统，防止数据库受到特权滥用、已知漏洞攻击、人为失误等的侵害。当用户与数据库进行交互时，可自动根据预设置的风险控制策略，结合对数据库活动的实时监控信息，进行特征检测及审计规则检测，任何尝试的攻击或违反审计规则的操作都会被检测到并实时阻断或告警。

(3)数据库动态审计

明御数据库审计与风险控制系统基于"数据捕获→应用层数据分析→监控、审计和响应"的模式提供各项安全功能，使得它的审计功能大大地优于基于日志收集的审计系统。通过收集一系列极其丰富的审计数据，结合细粒度的审计规则，满足对敏感信息的特殊保护需求。数据库动态审计可以彻底摆脱数据库的黑匣子状态，提供 4W（who/when/where/what）审计数据。通过实时监测并智能地分析、还原各种数据库操作，解析数据库的登录、注销、插入、删除、存储过程的执行等操作，还原 SQL 操作语句；还可跟踪数据库访问过程中的所有细节，包括用户名、数据库操作类型、所访问的数据库表名、字段名、操作执行结果、数据库操作的内容取值等。

(4)审计报表

明御数据库审计与风险控制系统内嵌功能强大的报表模块，除了按安全经验、行业需求分类的预定义固定格式报表外，管理员还可以利用报表自定义功能生成定制化的报告。报告模块同时支持 Word，Excel，PowerPoint，PDF 格式的数据导出。

(5)安全事件回放

安全事件回放允许安全管理员提取历史数据，对过去某一时间段的事件进行回放，真实展现当时的完整操作过程，便于分析和追溯系统安全问题。

(6)综合管理

明御数据库审计与风险控制系统提供 Web-base 的管理页面，数据库安全管理员在不需要安装任何客户端软件的情况下，基于标准的浏览器即可完成对DAS-DBAuditor 的相关配置管理，主要包括"审计对象管理、系统管理、用户管理、功能配置、风险查询"等。

12.1.3　主要特点

明御数据库审计与风险控制系统的特点主要有以下几个方面。

12.1.3.1　独立的审计模式

作为一个网络安全设备,明御数据库审计与风险控制系统审计数据通过网络完全独立地采集,这使得数据库维护或开发小组、安全审计小组的工作可以进行适当的分离。审计工作不影响数据库的性能、稳定性或日常管理流程。审计结果独立存储于 DAS-DBAuditor 自带的存储空间中,避免了数据库特权用户或恶意软件入侵数据库服务器来干扰审计信息的公正性。

12.1.3.2　灵活的动态审计规则

明御数据库审计与风险控制系统使用审计引擎对所有的数据库活动、数据库服务器远程操作进行实时的、动态的审计。

12.1.3.3　全方位、细粒度审计分析

实时监控来自各个层面的所有数据库活动,包括 SQL 操作、FTP 操作、TELNET 操作;提供对潜在危险活动(如 DDL 类操作、DML 类操作)的重要审计优化视图;精细到表、字段、记录内容的细粒度审计策略,实现对敏感信息的精细监控。

12.1.3.4　零风险部署

明御数据库审计与风险控制系统可在不改变现有的网络体系结构(包括路由器、防火墙、应用层负载均衡设备、应用服务器等)的情况下快速地进行部署。

12.1.4　应用案例

安恒明御数据库审计和风险控制系统可广泛应用于多个行业的数据库安全审计,下面以电信行业为例说明介绍基于明御数据库审计和风险控制系统的数据库安全审计解决方案。

当今的电信企业在 IT 信息安全领域面临比以往更为复杂的局面,这既有来自于电信企业外部的层出不穷的入侵和攻击,也有来自于电信企业内部的违规和泄漏。由于电信业务系统众多(如 OSS,BSS,MSS,EIP,OCS,销账、财务、营销支撑、计费结算等),数据库用户较多,涉及数据库管理员、内部员工、营业厅及合作方人员等,因此网络管理更加复杂,电信数据库面临的主要安全威胁与风险总结如下:数据库账户和权限的滥用、数据库自身日志审计的缺陷、数据库与业务系统无法关联分析、数据库自身存在问题、系统的运维工作存在隐患等。

采用安恒明御数据库审计和风险控制系统的解决方案可表述为如下内容:

12.1.4.1 采用静态审计实现数据库自身安全隐患的审计

数据库静态审计的目的是代替烦琐的手工检查,预防安全事件的发生。依托其权威的数据库安全规则库,自动完成对几百种不当的数据库不安全配置、潜在弱点、数据库用户弱口令、数据库软件补丁、数据库潜藏木马等的静态审计,通过静态审计,可以为后续的动态防护与审计的安全策略设置提供有力的依据。

12.1.4.2 采用数据库实时审计解决数据库操作中的细粒度审计

- 采用了细粒度的审计策略对操作与访问进行全监控;
- 实现了针对所有账户对数据库访问与操作的全面监测审计;
- 加强了对数据库临时账户的审计监测审计;
- 加强了针对重要敏感数据的访问的审计监测;
- 提供了详细的数据库审计记录及分类统计;
- 实现了对数据库异常操作的监测、报警;
- 弥补了数据库系统内置日志审计的缺陷。

12.1.4.3 通过堡垒主机实现对所有远程操作的行为监测

堡垒主机基于网络,采用透明方式工作,不影响网络结构和业务系统,可以对操作进行回放和检索查询,并提供开放的数据和管理接口,帮助构建全面的审计平台,对所有远程操作维护实现了全面的审计。

12.1.4.4　应用系统与数据库操作进行关联,有效解决对操作行为的追溯

在三层或多层的应用架构中,用户通过 Web 服务器实现对数据库的访问,传统的数据库审计系统只能审计到 Web 服务器的相关信息,无法识别是哪个原始访问者发出的请求。明御数据库深度防御审计系统通过应用层访问和数据库操作请求进行多层业务关联审计,实现对访问者信息的完全追溯,包括操作发生的 URL、客户端的 IP、请求报文等信息,通过多层业务关联审计更精确地定位事件发生前后所有层面的访问及操作请求,使管理人员对用户的行为一目了然,真正做到数据库操作行为可监控、违规操作可追溯。

12.1.5　企业简介

杭州安恒信息技术有限公司于 2007 年创办,是中国领先的信息安全产品和服务解决方案提供商之一。作为云安全、互联网应用安全、大数据安全和智慧城市安全等前沿领域的领导品牌,多次入选全球网络安全 500 强。曾先后为北京奥运会、国庆 60 周年庆典、上海世博会、广州亚运会、抗战70 周年、连续三届世界互联网大会和 G20 峰会等重大活动提供全方位网络信息安全保障。

公司主营业务涵盖云计算安全,大数据安全以及应用安全、数据库安全、移动互联网安全、智慧城市安全等,包括安全态势感知、威胁情报分析、攻防实战培训、顶层设计、标准制定、课题和安全技术研究、产品研发、产品及服务综合解决方案提供等。

12.2　安存电子数据存管与证明平台

12.2.1　概述

大数据时代,人们的工作与生活方式越来越趋于信息化、无纸化。期间产生的各类社会矛盾,已经无法完全依赖传统证据形式来解决,人们越来越多地需要电子数据证明来定纷止争。杭州安存网络科技有限公司依托权威公信的产品,

致力于解决电子数据留存、保管、提取、交易及固定证据等需求,开发有安存语录等多个产品。

12.2.2 主要产品

12.2.2.1 安存语录

安存语录是杭州安存网络科技有限公司联合电信运营商、阿里云计算、公证机构共同推出的一站式语音数据保全公证解决方案,用户只需通过拨打95105856 全国首个录音公证电话,就可对用户的通话内容进行实时录音保全。所保全的录音严格满足证据的真实性、合法性要求,保全—公证无缝对接,用户申办公证更便捷省心,真正做到一站式保全。

12.2.2.2 公正邮

网易公正邮服务作为全球首个电子邮件存管及公证一站式解决方案,是安存科技联合网易邮箱为用户提供专业的邮件证据留存、取证以及出证的一站式服务。公正邮服务在用户发送和接收邮件的同时,实时留存邮件原始文件,随时登入网易邮箱进入公正邮列表进行证据查询管理,并可通过安存电子邮件保全系统快捷方式申办公正,随后至公证处凭用户身份证及邮箱所有权证明出具公证书。

12.2.2.3 融智网

融智网始建于 2008 年,致力于互联网原创图片保护,利用全球领先的专利技术和权威的法务支持,保全信息的完整性、真实性和可靠性,为所有上传原创作品用户提供全网范围内的原创保护和专业维权服务。

12.2.3 企业简介

杭州安存网络科技有限公司于 2008 年创建于杭州。公司与全国 28 个省(市、区)260 多个地区的公证机构及阿里云、百度云、腾讯云、网易、中国移动、中国联通、中国电信等伙伴建立了深度的合作关系,为中国百万企业及个人用户提供一站式电子数据证明解决方案服务。目前客户遍及互联网金融、数字出版、电子商务、第三方支付、O2O、社交软件等行业,包括最高院在内的全国 750 多个地区的法院都在使用安存的产品。

参考文献

[1] 埃里克·布莱恩约弗森,安德鲁·麦卡菲.第二次机器革命:数字化技术将如何改变我们的经济与社会[M].中信出版社,2016.

[2] 信息化和软件服务业司.工业和信息化部办公厅关于印发《云计算综合标准化体系建设指南》的通知(工信厅信软〔2015〕132号)[N/OL].(2015－11－09).http://www.miit.gov.cn/n1146295/n1652858/n1652930/n3757022/c4414407/content.html.

[3] 信息化和软件服务业司.工业和信息化部关于印发《云计算发展三年行动计划(2017—2019年)》的通知[N/OL].(2017－04－10).http://www.miit.gov.cn/n1146295/n1146562/n1146650/c5570610/content.html.

[4] 关于加快发展信息经济的若干意见[Z].杭州市委举行十一届七次全体(扩大)会议,2014－07－15.

[5] 杭州市经济和信息化委员会.关于印发杭州市信息安全产业发展"十三五"规划的通知(杭经信安全〔2016〕269号)[N/OL].(2017－08－25).(http://www.hzjxw.gov.cn/hz/web/ShowInfo_File.asp?ID＝42646&TypeID＝10&FileID＝4.

[6] 国家互联网信息办公室.国家网络空间安全战略[Z].2016－12－27.

[7] 国务院办公厅.国务院办公厅关于运用大数据加强对市场主体服务和监管的若干意见(国办发〔2015〕51号).(2015－05－19).http://www.gov.cn/zhengce/content/2015－05/19/content_9784.htm.

[8] 国务院.国务院关于促进云计算创新发展培育信息产业新业态的意见(国发〔2015〕5号)[Z].(2015－01－30).http://www.gov.cn/zhengce/content/2015－01/30/content_9440.htm.

[9] 国务院.国务院关于印发《中国制造2025》(国发〔2015〕28号)的通知[N/OL].

http://www.gov.cn/zhengce/content/2015－05－19/content_9784.htm.

[10] 国务院.国务院关于印发促进大数据发展行动纲要的通知(国发〔2015〕50号),2015－09－05.

[11] 杭州市建设全国云计算和大数据产业中心三年行动计划(2015—2017年)[Z],2015.

[12] 市经信委.杭州市信息经济和智慧经济发展工作领导小组关于印发杭州市"企业上云"行动计划的通知(杭信息经济〔2017〕1号)[Z],2017－08－21.

[13] 杭州市智慧经济促进条例[Z].(2015－08－27).http://hznews.hangzhou.com.cn/xinzheng/xzyl/content/2015－11/07/content_5973382.htm.

[14] 云深不知处——2016企业上云安全策略指南[Z].互联网实验室,2016.

[15] 毛光烈.网络化的大变革[M].浙江人民出版社,2015.

[16] 沈大风.电子政务发展前沿[M].中国经济出版社,2015.

[17] 涂子沛.数据之巅:大数据革命、历史、现实与未来[M].中信出版社,2014.

[18] 维克托·迈尔·舍恩伯格,肯尼思·库克耶.大数据时代:生活、工作与思维的大变革[M].浙江人民出版社,2013.

[19] 吴澄,孙优贤,王天然,祁国宁.信息化与工业化融合战略研究:中国工业信息化的回顾、现状及发展预见[M].科学出版社,2013.

[20] 叶润国,胡影,韩晓露,王惠莅.大数据安全标准化研究进展[J].信息安全研究,2016,2(5):404－411.

[21] 俞东进.杭州市云计算产业发展报告(2012年)[M].浙江大学出版社,2013.

[22] 浙江省电子信息产业"十三五"发展规划[Z].浙江省经济和信息化委员会,2016.

[23] 浙江省人民政府关于印发浙江省"互联网＋"行动计划的通知(浙政发〔2016〕2号)[N/OL].浙江省人民政府,2016.

[24] 浙江省人民政府关于印发浙江省促进大数据发展实施计划的通知(浙政发〔2016〕6号)[Z].浙江省人民政府,2016.

[25] 浙江省数据中心"十三五"发展规划(浙发改规划〔2017〕238号)[Z].浙江省发展和改革委员会,浙江省经济和信息化委员会,2017.

[26] 浙江省信息化工作领导小组.浙江省信息化工作领导小组关于印发浙江省"企业上云"行动计划(2017年)的通知(浙经信设施〔2017〕97号)[N].2017－04－14.

[27] 中国电子信息产业发展研究院.中国云计算产业发展及应用实践[M].电

子工业出版社,2012.

[28] Losup A, Ostermann S, Yigitbasi N, Prodan R, Fahringer T, Epema D. Performance Analysis of Cloud Computing Services for Many-Tasks Scientific Computing[J]. IEEE TPDS, Many-Task Computing, 2010.

[29] Li Z, Zhang H, Brien L O, Cai R, Flint S. On evaluating commercial cloud services: A systematic review[J]. The Journal of Systems and Software, 1986 (2013):2371—2393.

附　录①

A1.1　云计算概述

A1.1.1　什么是云计算

美国国家标准与技术研究院(National Institute of Standards and Technology, NIST)定义：云计算是一种按使用量付费的模式,这种模式提供可用的、便捷的、按需的网络访问,进入可配置的计算资源共享池(包括网络、服务器、存储、应用软件、服务等),这些资源能够被快速提供,只需投入很少的管理工作,或与服务供应商进行很少的交互;是基于互联网的相关服务的增加、使用和交付模式,通常涉及通过互联网来提供动态易扩展且经常是虚拟化的资源。

A1.1.2　云计算特点

云计算使计算分布在大量的分布式计算机上,而非本地计算机或远程服务器中,这使得企业能够将资源切换到需要的应用上,根据需求访问计算机和存储系统。

---

① 附录部分引用了部分互联网材料。

A1.1.2.1　超大规模

"云"具有相当的规模,Google 云计算已经拥有 100 多万台服务器,阿里云、微软,Amazon,IBM,Yahoo 等的"云"均拥有几十万台服务器。企业私有云一般拥有数百上千台服务器。"云"能赋予用户前所未有的计算能力。

A1.1.2.2　虚拟化

云计算支持用户在任意位置、使用各种终端获取应用服务。所请求的资源来自"云",而不是固定的有形的实体。应用在"云"中某处运行,但实际上用户无须了解,也不用担心应用运行的具体位置。只需要一台笔记本或者一个手机,就可以通过网络服务来实现我们需要的一切,甚至包括超级计算这样的任务。

A1.1.2.3　高可靠性

"云"使用了数据多副本容错、计算节点同构可互换等措施来保障服务的高可靠性,使用云计算比使用本地计算机可靠。

A1.1.2.4　通用性

云计算不针对特定的应用,在"云"的支撑下可以构造出千变万化的应用,同一个"云"可以同时支撑不同的应用运行。

A1.1.2.5　高可扩展性

"云"的规模可以动态伸缩,满足应用和用户规模增长的需要。

A1.1.2.6　按需服务

"云"是一个庞大的资源池,按需购买;云可以像自来水,电,煤气那样计费。

A1.1.2.7　极其廉价

由于"云"的特殊容错措施,可以采用极其廉价的节点来构成云,"云"的自动化集中式管理使大量企业无须负担日益高昂的数据中心管理成本,"云"的通用性使资源的利用率较之传统系统大幅提升,因此用户可以充分享受"云"的低成本优势,经常只要花费几百美元、几天时间就能完成以前需要数万美元、数月时间才能完成的任务。

A1.1.2.8　潜在的危险性

云计算服务除了提供计算服务外,还必然提供了存储服务。云计算中的数据对于数据所有者以外的其他云计算用户是保密的,但是对于提供云计算的商业机构而言确实毫无秘密可言。

A1.1.3　云计算服务形式

云计算可以认为包括以下几个层次的服务:基础设施即服务(IaaS),平台即服务(PaaS)和软件即服务(SaaS)。

A1.1.3.1　IaaS:基础设施即服务

IaaS(infrastructure-as-a-service):基础设施即服务。消费者通过 Internet 可以从完善的计算机基础设施获得服务。例如,硬件服务器租用。

A1.1.3.2　PaaS:平台即服务

PaaS(platform-as-a-service):平台即服务。PaaS 实际上是指将软件研发的平台作为一种服务,以 SaaS 的模式提交给用户。因此,PaaS 也是 SaaS 模式的一种应用,但是 PaaS 的出现可以加快 SaaS 的发展,尤其是加快 SaaS 应用的开发速度。例如,软件的个性化定制开发。

A1.1.3.3　SaaS:软件即服务

SaaS(software-as-a-service):软件即服务。它是一种通过 Internet 提供软件的模式,用户无须购买软件,而是向提供商租用基于 Web 的软件,来管理企业经营活动。例如,邮件云服务器。

A1.1.4　云计算技术

云计算技术是基于云计算商业模式应用的网络技术、信息技术、整合技术、管理平台技术、应用技术等的总称,可以组成资源池,按需所用,灵活便利。

A1.1.4.1　虚拟化技术

虚拟化技术是指计算元件在虚拟的基础上而不是真实的基础上运行,它可以扩大硬件的容量,简化软件的重新配置过程,减少软件虚拟机相关开销和支持更广泛的操作系统。通过虚拟化技术可实现软件应用与底层硬件相隔离,它包括将单个资源划分成多个虚拟资源的裂分模式,也包括将多个资源整合成一个虚拟资源的聚合模式。虚拟化技术根据对象可分成存储虚拟化、计算虚拟化、网络虚拟化等,计算虚拟化又分为系统级虚拟化、应用级虚拟化和桌面虚拟化等。在云计算实现中,计算系统虚拟化是一切建立在"云"上的服务与应用的基础。虚拟化技术主要应用在 CPU、操作系统、服务器等多个方面,是提高服务效率的最佳解决方案。

A1.1.4.2　分布式海量数据存储

云计算系统由大量服务器组成,同时为大量用户服务,因此云计算系统采用分布式存储的方式存储数据,用冗余存储的方式(集群计算、数据冗余和分布式存储)保证数据的可靠性。冗余的方式通过任务分解和集群,用低配机器替代超级计算机的性能来保证低成本,这种方式保证分布式数据的高可用、高可靠和经济性,即为同一份数据存储多个副本。云计算系统中广泛使用的数据存储系统是 Google 的 GFS 和 Hadoop 团队开发的 GFS 的开源实现 HDFS。

A1.1.4.3　海量数据管理技术

云计算需要对分布的、海量的数据进行处理、分析。因此,数据管理技术必须能够高效地管理大量的数据。云计算系统中的数据管理技术主要是 Google 的 BigTable 数据管理技术和 Hadoop 团队开发的开源数据管理模块 HBase。

A1.1.4.4 云计算平台管理技术

云计算资源规模庞大，服务器数量众多并分布在不同的地点，同时运行着数百种应用，如何有效地管理这些服务器，保证整个系统提供不间断的服务是巨大的挑战。云计算系统的平台管理技术能够使大量的服务器协同工作，方便地进行业务部署和开通，快速发现和恢复系统故障，通过自动化、智能化的手段实现大规模系统的可靠运营。

A1.1.5 云计算应用

A1.1.5.1 云物联

"物联网就是物物相连的互联网"。这有两层意思：第一，物联网的核心和基础仍然是互联网，是在互联网基础上的延伸和扩展的网络；第二，其用户端延伸和扩展到了任何物品与物品之间。

A1.1.5.2 云安全

云安全(cloud security)是一个从"云计算"演变而来的新名词。云安全的策略构想是：使用者越多，每个使用者就越安全，因为如此庞大的用户群，足以覆盖互联网的每个角落，只要某个网站被挂马或某个新木马病毒出现，就会立刻被截获。

A1.1.5.3 云存储

云存储是在云计算概念上延伸和发展出来的一个新概念，是指通过集群应用、网格技术或分布式文件系统等功能，将网络中大量各种不同类型的存储设备通过应用软件集合起来协同工作，共同对外提供数据存储和业务访问功能的一个系统。当云计算系统运算和处理的核心是大量数据的存储和管理时，云计算系统中就需要配置大量的存储设备，那么云计算系统就转变成为一个云存储系统，所以云存储是一个以数据存储和管理为核心的云计算系统。

A1.1.5.4　云游戏

云游戏是以云计算为基础的游戏方式,在云游戏的运行模式下,所有游戏都在服务器端运行,并将渲染完毕后的游戏画面压缩后通过网络传送给用户。

A1.2　大数据概述

A1.2.1　什么是大数据

大数据是继物联网、云计算之后计算机领域的又一发展。2011年6月,麦肯锡全球研究院(McKinsey Global Institute,MGI)发布的题为《大数据:下一代创新、竞争和生产力的前沿》的研究报告中最早提出了大数据的概念。目前,对于大数据的定义还没有统一的标准。

大数据,或称海量数据、大资料,指的是所涉及的数据量规模巨大到无法通过人工或传统的工具,在合理时间内达到截取、管理、处理、并整理成为人类所能解读的信息。

Gartner对大数据的描述为:"大数据"是需要新处理模式才能具有更强的决策力、洞察发现力和流程优化能力的海量、高增长率和多样化的信息资产。从数据的类别上看,"大数据"指的是无法使用传统流程或工具处理或分析的信息。它定义了那些超出正常处理范围和大小、迫使用户采用非传统处理方法的数据集。亚马逊网络服务(Amazon Web Service,AWS)、大数据科学家John Rauser提到一个简单的定义:大数据就是任何超过了一台计算机处理能力的庞大数据量。研发小组对大数据的定义:大数据是最大的宣传技术、是最时髦的技术,当这种现象出现时,定义就变得很混乱。Kelly认为,"大数据可能不包含所有的信息,但我觉得大部分是正确的。对大数据的一部分认知在于,它是如此之大,分析它需要多个工作负载,这是AWS的定义。当你的技术达到极限时,也就是数据的极限。"大数据的重点不在于如何定义,最重要的是如何使用。最大的挑战在于哪些技术能更好地使用数据,以及大数据的应用情况如何。它与传统的数据库相比,开源的大数据分析工具如Hadoop的崛起,这些非结构化的数据服务的价值在哪里?

大数据的概念不仅仅止于数据量巨大或者处理大数据的技术，而是涵盖了在大数据的基础上可以做的事情，而这些事情在小规模数据的基础上是无法实现的。或者说，大数据让我们以一种前所未有的方式，通过对海量数据进行分析，获得有巨大价值的产品和服务，或深刻的洞见，最终形成变革之力。

A1.2.2 大数据特点

大数据的特点主要可以概括为 4V，即 volume（海量性）、variety（多样性）、velocity（高速性）和 veracity（易变性）。

A1.2.2.1 数据体量大

大型数据集从 TB 级跃升至 PB 级，而且全球的数据量每一年的增长都很迅速。

A1.2.2.2 数据类型繁多

数据可分为结构化数据（便于存储的文本）、半结构化数据（邮件、报表、HTML 等）、非结构化数据（网络日志、音频、视频、图片等）。

A1.2.2.3 处理速度快

数据处理遵循"1 秒定律"，可从各种类型的数据中快速获得高价值的信息。这也是大数据区别于传统数据挖掘的显著特征。

A1.2.2.4 价值密度低

由于大数据的数据量庞大，这也就相应地造成了其价值密度低。例如，一段连续的视频，其中有用的数据可能仅仅只持续几秒钟。

A1.2.3 大数据相关技术

大数据技术是指从各种各样类型的巨量数据中，快速获得有价值信息的技术。解决大数据问题的核心是大数据技术。目前所说的"大数据"不仅指数据本身的规模，还包括采集数据的工具、平台和数据分析系统。大数据研发的目的是发展大数据技术并将其应用到相关领域,通过解决巨量数据处理问题促进其突破性发展。因此,大数据时代带来的挑战不仅体现在如何处理巨量数据并从中获取有价值的信息,还体现在如何加强大数据技术研发,抢占时代发展的前沿。

A1.2.3.1　大数据分析技术

大数据的分析主要有五个方面的内容:可视化分析、数据挖掘算法、预测性分析能力、语义引擎、数据质量和数据管理。

(1)可视化分析

可视化分析也就是把数据可视化,能够直观形象地呈现出大数据的特点,同时也很容易被读者接受。可视化分析也是大数据分析专家和普通用户的基本要求。

(2)数据挖掘算法

数据挖掘算法是大数据分析的理论核心,各种数据挖掘的算法基于不同的数据类型和格式才能更加科学地呈现出数据本身具备的特点,也正是因为这些被全世界统计学家所公认的各种统计方法(可以称之为真理)才能深入数据内部,挖掘出公认的价值。另外一个方面也是因为有这些数据挖掘的算法才能更快速地处理大数据,如果一个算法得花上好几年才能得出结论,那大数据的价值也就无从说起了。

(3)预测性分析能力

大数据分析最重要的应用领域之一就是预测性分析,从大数据中挖掘出特点,通过科学地建立模型,之后便可以通过模型带入新的数据,从而预测未来的数据。

(4)语义引擎

大数据分析广泛应用于网络数据挖掘,可从用户的搜索关键词、标签关键词,或其他输入语义,分析、判断用户需求。

(5)数据质量和数据管理

大数据分析离不开数据质量和数据管理。高质量的数据和有效的数据管理,无论是在学术研究还是在商业应用领域,都能够保证分析结果的真实性和价值。大数据分析的基础就是以上五个方面,如果更加深入分析大数据的话,还有很多很多更加有特点的、更加深入的、更加专业的大数据分析方法。

A1.2.3.2 大数据关键技术

(1)数据采集

ETL工具负责将分布的、异构数据源中的数据如关系数据、平面数据文件等抽取到临时中间层后进行清洗、转换、集成,最后加载到数据仓库或数据集市中,成为联机分析处理、数据挖掘的基础。

(2)数据存取

数据存取包括关系数据库、NoSQL,SQL等。

(3)基础架构

基础架构包括云存储、分布式文件存储等。

(4)数据处理

自然语言处理(natural language processing,NLP)是研究人与计算机交互的语言问题的一门学科。处理自然语言的关键是要让计算机"理解"自然语言。一方面它是语言信息处理的一个分支,另一方面它是人工智能(artificial intelligence,AI)的核心课题之一。

(5)统计分析

假设检验、显著性检验、差异分析、相关分析、T检验、方差分析、卡方分析、偏相关分析、距离分析、回归分析、简单回归分析、多元回归分析、逐步回归、回归预测与残差分析、岭回归、logistic回归分析、曲线估计、因子分析、聚类分析、主成分分析、因子分析、快速聚类法与聚类法、判别分析、对应分析、多元对应分析(最优尺度分析)、bootstrap技术等。

(6)数据挖掘

分类(classification)、估计(estimation)、预测(prediction)、相关性分组或关联规则(affinity grouping or association rules)、聚类(clustering)、描述和可视化(description and visualization)、复杂数据类型挖掘(text,Web,图形图像,视频,音频等)。

(7)模型预测

模型预测包括预测模型、机器学习、建模仿真。

(8)结果呈现

结果呈现包括云计算、标签云、关系图等。

A1.2.3.3　大数据处理技术

具体的大数据处理方法有很多,但是普遍可以概括为如下四步:采集、导入和预处理、统计和分析,以及数据挖掘。

(1)大数据的采集

大数据的采集是指利用多个数据库来接收发自客户端(Web,App)或者传感器形式等的数据,并且用户可以通过这些数据库来进行简单的查询和处理工作。比如,电商会使用传统的关系型数据库 MySQL 和 Oracle 等来存储每一笔事务数据,除此之外,诸如 Redis 和 MongoDB 这样的 NoSQL 数据库也常用于数据的采集。

在大数据的采集过程中,其主要特点和挑战是并发数高,因为有可能同时有成千上万的用户来进行访问和操作,比如火车票售票网站和淘宝,它们并发的访问量在峰值时达到上百万,所以需要在采集端部署大量数据库才能支撑,并且如何在这些数据库之间进行负载均衡和分片的确是需要深入的思考和设计的。

(2)大数据的导入/预处理

虽然采集端本身会有很多数据库,但是如果要对这些海量数据进行有效的分析,还是应该将这些来自前端的数据导入到一个集中的大型分布式数据库,或者分布式存储集群,并且可以在导入基础上做一些简单的清洗和预处理工作。也有一些用户会在导入时使用来自 Twitter 的 Storm 来对数据进行流式计算,以满足部分业务的实时计算需求。

导入与预处理过程的特点和挑战主要是导入的数据量大,每秒钟的导入量经常会达到百兆,甚至千兆级别。

(3)大数据的统计/分析

统计与分析主要利用分布式数据库,或者分布式计算集群来对存储于其内的海量数据进行普通的分析和分类汇总等,以满足大多数常见的分析需求,在这方面,一些实时性需求会用到 EMC 的 Greenplum,Oracle 的 Exadata,以及基于 MySQL 的列式存储 Infobright 等,而一些批处理,或者基于半结构化数据的需求可以使用 Hadoop。

统计与分析这部分的主要特点和挑战是分析涉及的数据量大,其对系统资源,特别是 I/O 会有极大地占用。

(4)数据挖掘

与前面统计和分析过程不同的是,数据挖掘一般没有什么预先设定好的主题，主要是在现有数据上进行基于各种算法的计算，从而起到预测（predict）的效果，实现一些高级别数据分析的需求。比较典型的算法有用于聚类的 Kmeans、用于统计学习的 SVM 和用于分类的 Naive Bayes，主要使用的工具有 Hadoop 的 Mahout 等。该过程的特点和挑战主要是用于挖掘的算法很复杂，并且计算涉及的数据量和计算量都很大，常用数据挖掘算法都以单线程为主。

整个大数据处理的普遍流程至少应该覆盖以上四个方面的步骤，才能算得上是一个比较完整的大数据处理系统。

A1.2.4　大数据应用

当前，大数据已广泛应用于多种行业。

A1.2.4.1　广告投放分析

1）eBay 对互联网广告的投入一直很大，通过购买一些网页搜索的关键字，将潜在客户引入 eBay 网站。为了对这些关键字广告的投入产出进行衡量，eBay 建立了一个完全封闭式的优化系统。通过这个系统，可以精确计算出每一个关键字为 eBay 带来的投资回报。通过对广告投放的优化，自 2007 年以来，eBay 产品销售的广告费降低了 99%，顶级卖家占总销售额的百分比却上升至 32%。

2）现在《经济学人》使用 Social Flow 的服务来分析自己的受众群，并且选择在何时推送一条什么样的消息；而百事可乐则用这种服务比较不同的营销活动会得到什么样的传播效果。这些公司并不吝于为 Social Flow 的服务付费。

3）在线广告已经成为过去十年财富创造最可靠的来源。把消费者和销售者配对起来，以及创造新的消费者和销售者，这对于任何市场来说都是最重要的问题。弄清楚用户点击广告的动机和方式对于企业来说至关重要。它分析数据，告诉广告商什么是正确的时间，谁是正确的用户，什么是应该发的正确内容。

A1.2.4.2　医疗行业

1）Seton Healthcare 是采用 IBM 最新沃森技术医疗保健内容分析预测的首个客户。该技术允许企业找到大量患者相关的临床医疗信息，通过大数据处理，更好地分析患者的信息。

2）在加拿大多伦多的一家医院,针对早产婴儿,每秒钟有超过 3,000 次的数据读取。通过这些数据分析,医院能够提前知道哪些早产儿出现问题并且有针对性地采取措施,避免早产婴儿夭折。

3）它让更多的创业者更方便地开发产品,比如通过社交网络来收集数据的健康类 App。也许未来数年后,它们搜集的数据能让医生给你的诊断变得更为精确,比方说不是通用的成人每日三次一次一片,而是检测到你的血液中药剂已经代谢完成会自动提醒你再次服药。

A1.2.4.3　通信行业

1）XO Communications 通过使用 IBM SPSS 预测分析软件,减少了将近一半的客户流失率。XO 现在可以预测客户的行为,发现行为趋势,并找出存在缺陷的环节,从而帮助公司及时采取措施,保留客户。此外,IBM 新的 Netezza 网络分析加速器,将通过提供单个端到端网络、服务、客户分析视图的可扩展平台,帮助通信企业制定更科学合理的决策。

2）电信业者透过数以千万计的客户资料,能分析出多种使用者行为和趋势,卖给需要的企业,这是全新的资料经济。

3）中国移动通过大数据分析,对企业运营的全业务进行针对性的监控、预警、跟踪。系统在第一时间自动捕捉市场变化,再以最快捷的方式推送给指定负责人,使他在最短时间内获知市场行情。

4）日本最大的移动通信运营商 NTT DoCoMo 将手机位置信息和互联网信息结合起来,为顾客提供附近的餐饮店信息,在接近末班车时间时提供末班车信息服务。

A1.2.4.4　汽车产业

在沃尔沃集团,通过在卡车产品中安装传感器和嵌入式 CPU,从刹车到中央门锁系统等形形色色的车辆使用信息,正源源不断地传输到沃尔沃集团总部。这些数据正在被用来优化生产流程,以提升客户体验和安全性。将来自不同客户的使用数据进行分析,可以让产品部门提早发现产品潜在的问题,并在这些问题发生之前向客户提前预警。

A1.3 云计算国内外发展现状和趋势

云计算(cloud computing)是一种基于互联网的信息技术资源交付和使用模式。通过这种模式,各种共享软硬件资源和信息以一种服务的方式按需和可扩展地提供给用户。近年来,云计算得到世界各国的高度重视,云计算技术和相关产业发展迅猛,已被公认为是继 PC、互联网之后的第三次 IT 变革。

2006 年,Google 在搜索引擎大会上首次提出云计算的概念。近年来,云计算得到政府和众多 IT 企业的高度重视。在它们的积极推动下,云计算发展迅速。

A1.3.1 国外云计算发展现状

主要发达国家和发达经济体高度重视云计算发展带来的全球信息优势重构的机遇。2011 年 2 月,美国政府出台《联邦云计算发展战略》,将云计算发展整体纳入国家发展规划之中,并通过强制政府采购和指定技术架构来推进云计算技术进步和产业落地发展。2012 年,欧盟委员会宣布启动一项进一步开发欧洲云计算潜力的战略计划,其目标是到 2020 年,云计算能够在欧洲创造 250 万个新就业岗位,年均产值 1600 亿欧元,达到欧盟国民生产总值的 1%。在亚洲,2010 年日本经济产业省发布的《云计算与日本竞争力研究》报告称:通过开创基于云计算的新服务开拓全球市场,在 2020 年前力争培育出累计规模超过 40 万亿日元的新市场;2011 年韩国政府制定了《云计算全面振兴计划》,根据该计划,韩国政府在 2010—2014 年的 5 年间将进行总额 6,146 亿韩元的投资,以期实现云计算服务的振兴。

随着云计算概念的提出,一些国际知名信息企业视其为引领下一轮信息技术创新的重要产业机遇,纷纷斥巨资开展技术研发和标准研究。美国 Amazon 公司使用弹性计算云(EC2)和简单存储服务(S3)为企业提供计算和存储服务。用户只要按照规定缴纳月租费就能享受到 Amazon 提供的存储服务器、带宽、CPU 等资源。Google 是当今世界最大的云计算使用者,其搜索引擎运行于分布在全球 200 多个地点的 100 余万台服务器之上。IBM 推出的"蓝云"计算平台包括一系列能够自我管理和自我修复的虚拟化云计算软件,使得来自全球的应用都可以访问分布式的大型服务器池。微软推出的 Windows Azure 操作系统通过在互联网架构上打造云计算平台，让 Windows 真正由 PC 延伸到"蓝天"上。作为全球第一个年销售额超过 10 亿美元的"软件即服务厂商"的 Salesforce 公司，已为超过 10 万客户提供基于云计算的各种企业应用软件服务。其他知名的国际云计算公司还包括 EMC，VMware，Yahoo 等。

A1.3.2　国内云计算发展现状和趋势

国家高度重视以云计算为代表的新一代信息技术和云服务产业发展。国务院在 2010 年和 2012 年发布的《关于加快培育和发展战略性新兴产业的决定》和《"十二五"国家战略性新兴产业发展规划》中，将促进云计算研发和示范应用列为发展新一代信息技术产业的重点方向和主要任务。2010 年和 2014 年，国家发改委和工信部先后确定在北京、上海、深圳、杭州、无锡、哈尔滨六个城市开展云计算服务创新发展试点示范工作，进一步明确了国家发展云计算的总体思路和战略布局。2012 年 4 月，工信部发布《软件和信息技术服务业"十二五"发展规划》，将云计算创新发展列为"十二五"期间我国软件产业重点实施的八大重点工程之一。国务院在 2013 年发布的《关于促进信息消费扩大内需的若干意见》中，明确提出要"积极推动云计算服务商业化运营，支持云计算服务创新和商业模式创新"。

与此同时，地方各级政府也不遗余力，积极推动本地区云计算发展。北京市布局了亦庄云基地、中关村软件园南北两个云计算聚集区，并在推动云存储、教育云、金融云、智能交通云和医疗云等民生应用方面效应明显。其发布的"祥云工程"实施方案提出到 2015 年北京市将形成 500 亿元云计算产业规模，从而使北京市成为世界级的云计算产业基地、中国乃至全球的云计算中心。上海市正规划建设闸北云计算产业基地、杨浦云计算创新基地以及浦东云计算应用示范区，其发布的"云海计划"将上海定位为亚太地区的云计算中心。重庆市开建两江国际云计算中心、巴南云教育产业园和江津双福新区云计算产业基地，以期打造国内最大的离岸数据处理中心。广东省提出到 2015 年要初步形成应用广泛、服务全面、产业链健全、基础设施完善的云计算发展格局，云计算产业产值超千亿元。内蒙古自治区凭借其在能源、土地、气候、区位等方面的独特优势，积极推进在呼和浩特市、包头市、鄂尔多斯市建设国家级特大型数据中心，使自治区成为全国重要的云计算产业集聚区和国家云计算产业的重要承载节点。深圳市提出了打造"华南云计算中心"的云计算发展目标，启动了由深圳云计算产学研联盟统筹的"鲲云计划"。

云计算在国内巨大的市场空间吸引了众多国内企业积极布局云计算业务。在传统 IT 厂商中,联想主要以移动互联战略带动其云终端产品和云内容服务;曙光通过整合其在高性能计算、服务器研制等方面的优势逐步转型为云计算平台一体化解决方案提供商;浪潮推出"云海 OS"云操作系统,重点提供行业云集成服务;华为聚焦服务器、存储、数据中心网络、云操作系统等云计算基础产品,推出了 FusionCloud 融合云解决方案,在全球部署了 70 多个云数据中心;紫光研发了世界第一台云计算机——"紫云 1000"。借助于虚拟化技术,紫光云计算机可实现计算能力和存储能力的动态伸缩和扩展。在电信运营商中,中国电信启动天翼云计算计划,搭建由北京、上海、广州、成都四个云资源池和呼和浩特、贵阳南北两个核心组成的"4+2"云计算数据中心格局;中国移动研发了具有自主知识产权的"大云"和 OMP 两大云计算平台,并投入了数百亿元资金在哈尔滨、呼和浩特等地建设大规模数据中心;中国联通重点打造位于廊坊、哈尔滨、无锡等地的全国九大云计算基地。在互联网企业中,阿里巴巴投资设立阿里云计算公司,其研制的阿里云开放平台为互联网以及行业应用的各类用户提供公共云计算平台服务;百度开放了其百度云计算平台,对外提供云计算、存储资源、开发环境、应用 API 接口等全方位的云平台服务;腾讯在天津、重庆、深圳等地致力于建设国内领先的低成本、环保节能的云计算数据中心。

当前,我国云计算发展正从最早的概念炒作和技术探讨逐步走向务实发展期,云计算技术蓬勃发展,产业规模逐渐扩大。预计未来我国云计算将继续保持高速增长态势,云计算产业链将得到进一步完善,行业云将成为云计算应用重点,越来越多的应用将通过 SaaS(软件即服务)方式迁移到云中。

A1.4 大数据国内外发展现状和趋势

本节从政府、大数据平台提供商、服务提供商、电信运营商,应用开发商等多个角度分析当前大数据国外发展现状。

A1.4.1　国外大数据发展现状

A1.4.1.1　各国政府

美国全力推进大数据战略。为使各机构在大数据行动上实现配合和协调，美国政府于 2011 年成立了"大数据高级督察小组"，负责确定大数据国家计划目标，最终促成产生了"大数据研究与开发计划"。2012 年 3 月，奥巴马政府将"大数据战略"上升为最高国策，认为大数据是"未来的新石油"，将对数据的占有和控制作为陆权、海权、空权之外的另一种国家核心能力。同时奥巴马政府在白宫网站发布了《大数据研究和发展倡议》（Big Data Research and Development Initiative），旨在提升利用大量复杂数据集合获取知识和洞见的能力。美国国家科学基金会（National Science Foundation，NSF）、国家卫生研究院（National Institutes of Health，NIH）、国防部（Department of Defense，DOD）、能源部（Department of Energy，DOE）、国防部高级研究局（Defense Advanced Research Projects Administration，DARPA）、地质勘探局（United States Geological Survey，USGS）等六个联邦部门和机构承诺，将投入超过 2 亿美元资金用于研发"从海量数据信息中获取知识所必需的工具和技能"，共同提高收集、储存、保留、管理、分析和共享海量数据所需核心技术的能力。

随着这份报告的提出，美国政府将大数据的研发提升到维护国家安全，加速科学研究步伐，引发教育和学习变革的高度上。这标志着大数据研究从以往的商业行为上升到国家意志，国家竞争力也将体现为一国拥有的数据规模，以及对数据的解释和运用能力。

目前，美国的大学已开设研究大数据技术相关课程，培养下一代数据科学家，一些美国公司也对大学提供教育研究资助，并赞助与大数据相关的比赛；美国国家卫生研究院开展的免费开放国际千人基因组计划，将创建的人类遗传变异研究数据集，供研究人员自由访问和使用；美国国家科学基金会和美国国家卫生研究院对大数据进行联合招标，改进核心科学与技术手段，提高从各种大型数据集中提取重要信息并对其进行有效管理、分析和可视化的能力；美国能源部则将斥资 2500 万美元建立可扩展数据管理与可视化研究所，帮助科学家对数据进行有效管理，促进其生物和环境研究计划、美国核数据计划等研究成果的产生。从这一层面看，美国政府的开放性数据服务转型正走在世界前列。

在欧盟，相关报告指出，欧盟公共机构产生、收集或承担的地理信息、统计数据、气象数据、公共资金资助研究项目、数字图书馆等数据资源的全面开放，预计每年将会给欧盟带来 400 亿欧元的经济增长，欧盟认为大数据是促进经济增长的重要力量。

2013 年初，英国商业、创新和技能部宣布，将注资 6 亿英镑发展 8 类高新技术，大数据独揽其中的 1.89 亿英镑，将近三成。负责科技事务的国务大臣戴维·威利茨说，政府将在计算基础设施方面投入巨资，加强数据采集和分析，这也将吸引企业在这一领域的投资，以求在数据革命中占得先机。在英国，经济与商业研究中心 CEBR 2012 年研究报告进一步证实了大数据的经济价值，2017年预计将达到 407 亿英镑。2013 年，英国首个综合运用大数据技术的医药卫生科研中心在牛津大学成立。英国首相卡梅伦在揭牌仪式上说，这一中心的成立有望给英国医学研究和医疗服务带来革命性变化，它将促进医疗数据分析方面取得新进展，帮助科学家更好地理解人类疾病及其治疗方法。在大数据时代，决策行为往往取决于数据分析，而不是单纯的行为和经验，大数据技术可以为决策提供一个"经验参考"，同时带来更多的商业和经济价值。

法国政府在其发布的《数字化路线图》中表示，将大力支持"大数据"在内的战略性高新技术。日前，法国经济、财政和工业部宣布，将投入 1150 万欧元用于支持 7 个未来投资项目。法国生产振兴部部长 Arnaud Montebourg、数字经济部副部长 Fleur Pellerin 和投资委员 Louis Gallois 在第二届巴黎大数据大会结束后的第二天共同宣布了这项决定。这足以证明法国政府对于大数据领域发展的重视。

日本从 2006 年开始的"IT 新改革战略"推出了促进 ICT（information，communication，technology）应用的战略。2013 年 6 月，日本安倍内阁正式公布了新 IT 战略——"创建最尖端 IT 国家宣言"。全面阐述以发展开放公共数据和大数据为核心的日本新 IT 国家战略，提出要把日本建设成为一个具有"世界最高水准的广泛运用信息产业技术的社会"，并且将其发展成就扩展到国际范围内。目前，日本大数据相关研究在亚洲占据明显优势。

在韩国，"智慧首尔 2015"计划指出："首尔开放数据广场"是开放性的数据中心，已有 33 个数据库、880 个数据集，为用户提供十大类的公共数据信息，包括育儿服务、公共交通路线、巴士到站时间、停车位、各地区天气预报及涵盖生活方方面面的信息。韩国认为公共数据已成为具有社会和经济价值的重要国家资产。

对于大数据的探索和发展，欧美、日本和韩国已经走在世界的前列。各国政

府已将大数据发展提升至战略高度,创造积极的政策、法律环境,增加产业发展
的财政投入,加强人才培养和核心技术的研发,建立先进、巨大的数据中心,促进
大数据产业发展。

A1.4.1.2　国外大数据平台提供商

大数据应用最广泛的当属 Hadoop 分布式系统。Hadoop 原本来自于谷歌一
款名为 MapReduce 的编程模型包,是 Apache 软件及基金会旗下一个开源分布式
平台。以 Hadoop 分布式文件系统(HDFS)和 MapReduce(Google MapReduce 的
开源实现)为核心的 Hadoop 为用户提供了系统底层细节透明的分布式基础架
构。由于具备低成本和前所未有的高扩展性,Hadoop 已被公认为是新一代的
大数据处理平台,正带来新一轮的数据革命。Amazon 是较早在公共云中运行
Hadoop 的公司,其提供的基于 MapReduce 的弹性计算可提供海量的数据计算
服务。Hadoop 在 2011 年证明了自身的价值,五大数据库管理软件供应商
EMC,IBM,Informatica,Microsoft 及 Oracle 都投入了 Hadoop 的怀抱。如今
Hadoop 仍在不断改进完善中,作为大数据时代的关键技术,正推动着大数据相
关研究不断发展进步。

Google 是大数据时代的奠基者,其大数据技术架构一直是互联网公司争相
学习和研究的重点,也是行业大数据技术架构的标杆和示范。Google 在 2003
年到 2004 年期间公布了关于 GFS,MapReduce 和 BigTable 的三篇技术论文,成
为后来云计算发展的重要基石,如今 Google 正不断推出新的技术,再一次影响
着全球大数据技术的发展潮流。一是用基于 Percolator 的增量处理索引系统来
取代 MapReduce 批处理索引系统,这个索引系统被称作 Caffeine,它比
MapReduce 批处理索引系统搜索更快。二是专为 BigTable 设计的分布式存储
Colossus,也被称为 GFS2(二代 Google 文件系统),它专为建立 Caffeine 搜索索
引系统而用。三是列存储数据库 BigTable。四是为 Google Instant 提供服务的
实时搜索引擎存储和分析架构。五是 Pregel,这是谷歌更快捷的网络和图算法。
BigQuery 是 Google 推出的一项 Web 服务,用来在云端处理大数据。谷歌的大
数据平台架构仍在演进中,追求的目标是更大数据集,更快、更准确的分析和计
算能力。这将进一步引领大数据技术发展的方向。

2011 年 5 月,IBM 正式推出 InfoSphere 大数据分析平台。InfoSphere 大数
据分析平台包括 BigInsights 和 Streams。二者互补,BigInsights 基于 Hadoop,
对大规模的静态数据进行分析,它提供多节点的分布式计算,可以随时增加节

点,提升数据处理能力。Streams 采用内存计算方式分析实时数据。InfoSphere 大数据分析平台还集成了数据仓库、数据库、数据集成、业务流程管理等组件。

早在 2009 年就推出了亚马逊弹性 MapReduce(Amazon Elastic MapReduce),亚马逊对 Hadoop 的需求和应用可谓了若指掌,无论是中小型企业还是大型组织。弹性 MapReduce 是一项能够迅速扩展的 Web 服务,运行在亚马逊弹性计算云(Amazon EC2)和亚马逊简单存储服务(Amazon S3)上。面对数据密集型任务,比如互联网索引、数据挖掘、日志文件分析、机器学习、金融分析、科学模拟和生物信息学研究,用户需要多大容量,立即就能配置到多大容量。除了数据处理外,用户还可以使用 Karmasphere Analyst 基于服务的版本,Karmasphere Analyst 是一种可视化工作区,用于在亚马逊弹性 MapReduce 上分析数据。用户还可以提取结果文件,以便在数据库或者微软 Excel,Tableau 等工具中使用。

甲骨文公司发布的 Oracle 大数据机(oracle big data appliance)为许多企业提供了一种处理海量非结构化数据的方法。Oracle 大数据机 X4-2 现已面市,其为企业提供了全面和安全的集成系统,为运行面向大数据的 Cloudera 整体平台和 Cloudera Enterprise 实现了优化,降低了总体拥有成本。Oracle 大数据机 X4-2、Oracle 大数据连接器和 Oracle Exadata 组成了面向大数据的全面和集成的平台。

微软研究部门从 2006 年起就一直致力于某种非常类似于 Hadoop 的项目,被称为"Dryad"。2011 年初微软发布的 SQL Server R2 Parallel Data Warehouse (PDW,并行数据仓库),使用大规模并行处理来支持高扩展性,可以帮助客户扩展部署数百 TB 级别数据的分析解决方案。微软目前已经开始提供 Hadoop Connector for SQL Server Parallel Data Warehouse 和 Hadoop Connector for SQL Server 社区技术预览版本的连接器。该连接器是双向的,你可以在 Hadoop 和微软数据库服务器之间向前或者向后迁移数据。微软于 2012 年推出了基于 Azure 云平台的测试版 Hadoop 服务。

EMC 公司推出用于支持大数据分析的下一代平台——EMC Greenplum 统一分析平台(unified application platform,UAP)。Greenplum UAP 是一个统一数据分析平台,可扩展至其他工具,其独特之处在于,它将对大数据的认知和分享贯穿整个分析过程,实现比以往更高的商业价值。

惠普企业服务事业部宣布推出全新服务,帮助客户更快部署惠普子公司 Vertica 的 Vertica Analytics Platform,从而迅速洞悉关键的业务信息,辅助决策过程。Vertica Analytics Platform 让用户能够大规模实时分析物理、虚拟和云环境中的结构化、半结构化和非结构化数据,从而深入洞悉"大数据"。

Advanced Information Services for Vertica 帮助客户最大化实现 Vertica 分析平台的性能,并构建企业分析专用环境。惠普提供从评估到实施的一系列服务,与客户共同定义多种交付方式组合,并找出匹配其现有基础设施的最佳解决方案。

Network Appliance,Inc.(NetApp)是向数据密集型企业提供统一存储解决方案的公司。该公司设计的 NetApp StorageGRID 是一个对象存储软件解决方案,用于管理 PB 级、全球分布的存储库,这些存储库包含企业和服务提供商的图像、视频和记录。通过消除数据块和文件中数据容器的典型约束,NetApp StorageGRID 提供了强大的可扩展性。它支持单个全局命名空间内的数十亿个文件或对象和 PB 级容量。NetApp StorageGRID 实现了智能的数据管理和安全的内容保留。它通过一个具有内置安全性的全局策略引擎管理数据的存储、放置、保护和检索。此外,使用数字指纹和加密等技术防止内容受到篡改。NetApp StorageGRID 有助于随时随地提供数据,以便于不间断地运营。该解决方案被设计为允许灵活进行部署配置,以满足全球的多站点组织的不同需要。

Sybase IQ 是 Sybase 公司推出的特别为数据仓库设计的关系型数据库。相比于传统的"行式存储"的关系型数据库,Sybase IQ 使用了独特的列式存储方式,在进行分析查询时,仅需读取查询所需的列,其垂直分区策略不仅能够支持大量的用户、大规模数据,还可以提交对商业信息的高速访问,其速度可达到传统的关系型数据库的百倍甚至千倍。自 2009 年推出以来,Sybase 进行了不断的更新。Sybase IQ 15.4 是面向大数据的高级分析平台,将大数据转变成可指挥每个人都行动的情报信息,从而在整个企业的用户和业务流程范围内轻松具备大数据的分析能力。

A1.4.1.3　国外服务提供商和电信运营商

电信运营商虽然轻松掌握着海量客户数据,但在大数据的运用方面仍然面临着各种挑战。对此,不同运营商提出了不同的大数据策略。例如,AT&T:用户行为预测、个性化推荐、电信捆绑服务等;Verizon:数据仓库促进精准营销;Telefónica:大数据支撑用户体验优化;Vodafone:动态数据仓库支持商业决策;法国电信:数据分析改善服务水平;意大利电信:数据驱动的个性化业务等。

目前电信运营商的大数据主要利用方式有:①直接出手数据获取利益。AT&T 开始将用户在 WiFi 网络中的地理位置、网络浏览记录以及使用应用程序的数据销售给广告客户；英国电信发布了数据分析服务 Assure Analytics，帮助企业收集、评估、管理大数据集，帮助企业改进决策。②与第三方公司合作创造盈利模式。西班牙电信成立了动态洞察部门，为客户提供数据分析打包服务；Verizon 成立精准营销部门，联合第三方机构对用户群进行大数据分析；德国电信和沃达丰尝试通过开放 API，向数据挖掘公司等合作方提供匿名数据，掌握用户行动规律，与一些 LBS 服务对接。

A1.4.1.4　国外应用开发商

应用开发商致力于在大数据中挖掘有用信息，为企业、政府提供决策信息，创造新的经济增长点。谷歌、雅虎、亚马逊，Facebook 等一系列网络巨头，都将大数据应用于解决其最棘手的技术问题。同时也催生了一大批以大数据挖掘为主要业务的小型公司，如 WibiData，Hadapt，Sqrrl 等，对大数据进行分析挖掘，提供有价值的信息、服务、分析工具等，对零售业、金融业、电信业的多个行业提供大数据的应用支持。

A1.4.2　国内大数据发展现状

随着互联网技术的发展，"数据即资产"在业界已成共识。而从宏观政策来看，大数据是具有国家战略意义的新兴产业。《"十二五"国家战略性新兴产业发展规划》提出支持海量数据存储、处理技术研发与产业化。2013 年，中华人民共和国工业和信息化部提出《关于数据中心建设布局的指导意见》，为数据中心的建设指明了方向。同年，国务院发布《关于促进信息消费扩大内需的若干意见》，对我国的信息消费提出了指导意见，进一步促进信息产业的发展。目前，我国贵阳、重庆、上海等城市先后提出大数据发展战略。大数据正以惊人的速度在我国发展起来。

政府和科研机构高度关注大数据的发展。2012 年 12 月，国家发改委将数据分析软件开发和服务列入专项指南；2013 年，科技部将大数据列入 973 基础研究计划；2013 年度国家自然基金指南中，管理学部、信息学部和数理学部将大数据列入其中；2012 年 12 月，广东省启动了《广东省实施大数据战略工作方案》，北京成立了"中关村大数据产业联盟"。此外，中国科学院、复旦大学、北京航空航天大学等相继成立了近十个从事数据科学研究的专门机构。

上海市政府在 2013 年出台了《上海推进大数据研究与发展三年行动计划

（2013—2015 年）》，计划三年内重点选取医疗卫生、食品安全、终身教育、智慧交通、公共安全、科技服务等具有大数据基础的领域，探索交互共享、一体化的服务模式，建设大数据公共服务平台。凝聚上海大数据领域优势力量，研究大数据基础理论，攻克关键技术，研制大数据核心装备，形成大数据领域的核心竞争力，加速大数据资源的开发利用，推进行业应用，培育数据技术链、产业链、价值链，支撑智慧城市建设。

贵州省人民政府印发《关于加快大数据产业发展应用若干政策的意见》《贵州省大数据产业发展应用规划纲要（2014—2020 年）》。文件中提出，要按照"基础构建、集群聚集、创新突破"的思路，科学规划大数据产业布局，建基地、引人才、聚企业、抓应用、保安全、促创新，建设信息资源聚集地，打造大数据产业发展应用新高地，推动大数据产业成为全省经济社会发展的新引擎。到 2017 年，形成 1～2 个大数据产业示范园区，引进和培育 30 户大数据龙头企业，聚集 500 户创新型大数据相关企业，通过大数据带动相关产业规模 3000 亿元，引进大数据领军人才 100 名，引进和培养高端人才 5000 名，建成全国领先的大数据资源中心和大数据应用服务示范基地。

贵阳市出台《贵阳大数据产业行动计划》，明确提出到 2016 年年底，贵阳市大数据相关产业规模达到 540 亿元，约占全市信息产业总产值的 30%。

重庆市出台《重庆市大数据行动计划》，提出到 2017 年，大数据技术在民生服务、城市管理及全市支柱产业发展等领域广泛应用，大数据产业成为全市经济发展的重要增长极，形成民生服务、城市管理和经济建设融合发展的新模式，构建起云端智能信息化大都市，成为具有国际影响力的大数据枢纽及产业基地。

A1.4.2.1　国内大数据产业链初步形成

据世资讯预测，2014 年，中国大数据市场规模将达到 8.7 亿元，比 2013 年增长 64.2%。互联网企业，以及传统的金融、电信行业纷纷投入大数据这个发展大潮中。国内互联网企业布局虽略迟滞于国外，但从规模和投入上不容小觑。

大数据产业是指建立在对互联网、物联网等渠道广泛大量数据资源收集基础上的数据存储、价值提炼、智能处理和分发的信息服务业。大数据产业链大致可以分为数据资源、数据应用软件、IT 基础设施三大部分。以中关村为例，整个大数据产业链发展已与硅谷同步，海量数据挖掘等技术都处于国内领先地位，大数据产业链雏形已经初步显现。中关村是国家各部委信息中心、三大运营商、国内大型互联网平台公司等拥有高价值密度数据机构的集中区域，拥有全国最大规模和最有价值的数据资产。同时,依托全球最密集的科教资源、软件人才和海外留学人员创业优势,中关村率先开展关于数据科学与工程实践相结合的跨学科跨产业大规模研讨。而在数据应用软件、IT 基础设施方面中关村企业各显身手,整个产业链已初现端倪。

目前,大数据的产业链正在不断完善。大数据产业的上游是一批能够掌握大数据标准、入口、汇集和整合过程的公司,他们在大数据储存、使用和分析的基础上推出个性化、精准化和智能化的机制,跨网站、跨产品、跨终端、跨平台,让人与人、人与物、物与物之间实现高效组合与匹配,从而建立起崭新的商业模式。

大数据产业的中游是一批在某些垂直领域或者某些特定区域能够掌握大数据入口、汇集和整合的公司,掌握全部网络用户的部分网络行为,或者是部分网络用户的全部网络行为。这些公司有机会在这些垂直领域或特定区域成为规则制定者和商业模式创新者。

大数据产业的下游由网络公司组成,它们基本上扮演的角色是大数据生态圈里的数据提供者,特色服务运营者和产品分销商,基本通过开放平台和搜索引擎获取用户。

随着大数据相关技术的不断创新,以及商业模式的不断完善,我国大数据产业链的发展正在稳步推进中。

A1.4.2.2　国内大数据从概念炒作转向应用落地

大数据要想落地,必须有两个条件:一是丰富的数据源,二是强大的数据挖掘分析能力。国内的大数据概念,目前尚主要集中于互联网公司、电信业和金融业。经过国家和地区的不断推动,以及在商业价值的迫切需求促进下,我国的大数据正从概念炒作逐步转向应用落地。特别是大型互联网企业,都开始对大数据的存储、处理和应用进行战略布局。

百度作为中国最大的搜索引擎,在中国和中文互联网领域各项排行中不是最大就是最多。2012 年,百度日均抓取约 10 亿网页,处理超过 100 PB(1 PB＝1,024 TB)的数据。2011 年起,百度开始筹备建设全国最大的数据中心,应对大数据带来的挑战,并利用手中的大数据,提供优质、高效、有价值的信息和服务。

腾讯拥有超过 7.52 亿 QQ 即时通讯活跃账户,1 亿微信用户、4.25 亿微博用户和超过 1 亿的视频用户。在积累了个人用户多方面的海量数据后,2012 年腾讯提出了"大数据营销"的概念。在各个产品队伍中设置数据挖掘团队,并与第三方数据分析公司合作,充分利用大数据来提高效益。

淘宝每天大约有 6000 万用户登录淘宝网,约 20 亿的页面浏览量。淘宝所使用的 OceanBase 分布式数据库,在基准数据和增量数据基础上,实现不同部门对数千亿条记录、数百 TB 数据上的跨行跨表事务共同完成,并支持每天 4000 万~5000 万的更新操作。淘宝掌握着消费者第一手的数据,充分利用数据分析挖掘团队,利用大数据相关技术,将手中的数据转化为生产力,推动企业创新和国民经济的发展。

华为在大数据支撑产品方面取得众多成绩,如全球领先的成熟数据中心供应商,华为排名全球第一;全球存储业务增长率,华为排名全球第一;全球基于融合架构的数据中心业务增长率,华为排名全球第二;全球 x86 服务器业务增长率,华为排名全球第二等。

A1.4.2.3 国内大数据发展主要问题

国内大数据发展虽快,但限于发展水平和企业视野,在大数据的重点建设方面各有不同。国内企业侧重于物理上数据存储能力的建设。百度、腾讯、淘宝、中国移动各有自己的数据中心项目,数据容量成为衡量竞争力的重要标准。国内企业的大数据发展趋势正逐渐明朗,但广泛的盈利模式仍在不断探索中。

政府对大数据的支持力度很大,但牵扯范围广。数据共享、数据的高可用性,将是下一阶段我国大数据产业面临的主要问题。

A1.5　浙江省云计算发展大事记
(2014 年 1 月—2017 年 6 月)

• 2014 年 2 月,东软集团与阿里巴巴旗下阿里云结盟,将逐渐把传统 IT 服务迁移到阿里云的云计算平台上。

• 2014 年 3 月 26 日,YOCSEF 杭州与浙江省计算机应用与教育学会、杭州市计算机学会共同在浙江工业大学举行了"云计算应用与人才培养报告会"。

• 2014 年 3 月 31 日,浙江省经济和信息化委员会和浙江省科技厅联合组织召开了浙江省政府重大软课题"浙江省云计算发展研究专项"课题评审会。评审组专家认为,杭州电子科技大学编写的《浙江省云计算发展规划》分析了国内外,特别是浙江省云计算的发展现状,提出了今后一段时间浙江省发展云计算的指导思想、主要原则、发展目标和保障措施,阐述了浙江省发展云计算的总体布局、主要任务和重点示范工程;规划立足浙江经济社会发展实际和智慧城市建设、"两化"深度融合的需求,战略定位准确,发展思路清晰,目标切合实际,总体框架合理,具有前瞻性和可操作性,对促进浙江省云计算发展具有重要指导意义。

- 2014 年 4 月 23 日,温州市云计算中心授牌仪式召开。该中心按照工业与信息化部钻石五星级数据中心标准建设,为浙江第二、浙南地区第一大云计算数据中心。

- 2014 年 5 月 6 日,浙江省杭电智慧城市研究中心在杭州电子科技大学文一校区组织召开了浙江省云计算市场治理专家研讨会。

- 2014 年 5 月 24 日,浙江省杭电智慧城市研究中心在杭州组织召开了浙江省云计算市场治理专家研讨会。

- 2014 年 6 月 25 日,时任浙江省省长李强宣布"浙江政务服务网"正式开通运行。通过这个运行在阿里云计算平台上的"政务超市",网民可以像逛淘宝一样"逛衙门",省市县三级政府 6 万余个审批事项均可一网搞定,并使用支付宝缴费。这是中国首个淘汰自有数据中心、运行在云端的省级政务网站。

- 2014 年 8 月 19 日,阿里云宣布启动"云合计划",拟招募 1 万家云服务商,基于阿里云计算平台,为企业和政府等客户提供云服务。

- 2015 年 3 月 13 日,大华股份云存储、云计算新品发布会 2015 年首站在浙江省人民大会堂盛大召开。

- 2015 年 4 月 13 日,中国最大的公共云计算平台——阿里云宣布美国硅谷数据中心投入试运营,向北美乃至全球用户提供云服务。这标志着中国云服务企业开始了大规模全球布局,也意味着美国公司将首次使用来自中国的云服务。

- 2015 年 6 月 29 日,由中国互联网协会、中国新闻社主板的 2015 产业互联网大会在杭州市滨江区启幕。大会举办了以"云计算、大数据将如何改变产业未来"为主题的云计算与大数据论坛。

- 2015 年 10 月 14 日至 15 日,由浙江省政府指导、杭州市政府和阿里巴巴集团联合主办的 2015 杭州云栖大会在浙江杭州云栖小镇举行。

- 2016 年 1 月 19 日,国网浙江省电力公司与阿里巴巴集团签署战略合作协议,共同探讨构建全球能源互联网,重点研究大数据、云计算、物联网和移动互联等技术,深入"互联网+电力"合作。阿里巴巴集团将支持国网浙江省电力公司探索互联网与电网业务的进一步融合,为建设智能友好型电网提供技术支持。

- 2016 年 1 月 27 日,工信部决定在浙江阿里云计算有限公司开展云计算业务信息安全管理工作试点。

- 2016 年 4 月 20 日,阿里旗下阿里云与埃森哲宣布达成合作协议,将共同向中国及东盟市场提供更加灵活、敏捷和高性价比的云计算解决方案。同一天,阿里云还宣布与 SAP 建立战略合作伙伴关系,将共同致力于向中国企业提供云计算服务,加速推进企业级云服务在各个行业的深入应用。
- 2016 年 5 月 18 日至 20 日,第八届中国云计算大会在北京国家会议中心隆重召开,杭州市云计算与大数据协会作为杭州地区评选合作单位,携杭州地区入围企业参加了总评选,其中网易(杭州)的网易七鱼项目、杭州华三通信的政务云解决方案项目及杭州安存网络的基于云存储的具有法律效力的电话公证平台三个团队项目在评选过程中成绩突出进入 10 强。
- 2016 年 6 月 13 日,浙江省政府与阿里巴巴集团举行战略合作联席会议,双方就深化云计算大数据、互联网金融、民生服务等重点领域的合作进行探讨交流。
- 2016 年 9 月 8 日,浙江省信息化工作领导小组办公室公布了 2016 年浙江省信息经济发展百家重点企业名单,涉及网络基础设施、物联网、云计算与大数据等九大领域,阿里巴巴、中电海康等 100 家信息经济 9 大领域的重点企业入围。
- 2016 年 10 月 13 日至 16 日,2016 杭州云栖大会在云栖小镇盛大召开。数千家创新创业企业代表参会,共同探讨云计算、人工智能、大数据、芯片、数据库、VR、科技金融、操作系统等主题。
- 2016 年 12 月 20 日,浙江移动云计算中心宣告成立。这是继浙江移动在全国率先成立大数据中心后,在架构互联网服务能力方面又迈出的创新步伐。
- 2017 年 2 月 18 日,浙江省工商局启动 2017 年"红盾网剑"专项执法行动。工商部门将入驻阿里平台,建立政企协作平台和网络执法办案机制,利用大数据、云计算等先进技术实现监管执法的"机器换人"。
- 2017 年 3 月 2 日,浙江省云计算大数据产业推进大会在杭州萧山召开。会议以"抢抓云计算大数据产业发展机遇,建设国家信息经济示范区"为主题,邀请来自各界的代表共 1400 余人参加。
- 2017 年 4 月 12 日,浙江省信息化工作领导小组发布《浙江省"企业上云"行动计划(2017)》。该计划指出,要让十万企业的"大脑"率先上云,以云计算技术和平台为支撑,降低企业信息系统构建成本,提高企业信息化应用水平,使浙江省成为企业云计算应用的标杆省。
- 2017 年 4 月 20 日,杭州市云计算与大数据协会 2017 年会员代表大会暨《杭州市云计算与大数据产品和服务目录》首发仪式在网易杭州研究院举行。

A1.6 浙江省大数据发展大事记
(2014 年 1 月—2017 年 6 月)

- 2014 年 1 月,浙江警察学院和浙江省公安厅、杭州海康威视数字技术有限公司、杭州师范大学联合建设的公安部重点实验室——基于大数据架构的公安信息化应用公安部重点实验室在浙江警察学院正式揭牌成立。

- 2014 年 3 月 7 日,由阿里巴巴集团主办的"西湖品学"大数据峰会在阿里巴巴西溪园区举行。来自国内外的数据专家对大数据在商业智能、移动互联网和互联网金融领域的应用和大数据的发展走向进行了探讨。

- 2014 年 3 月,拥有国内领先高科技数据云核心技术资源主体的北京中润普达信息技术有限公司与杭州市余杭区良渚街道签订"国家级大数据产业基地项目框架协议",这标志着该项目正式落户良渚大学科技园并顺利启动。

- 2014 年 3 月 18 日上午,杭州举行"杭州论坛"报告会,邀请中国工程院常务副院长潘云鹤作题为"中国的智能城市和城市大数据"的主题报告。

- 2014 年 3 月 20 日,主题为"忘记大数据"阿里妈妈第二届舞林大会在杭州召开。世界 500 强、电商品牌、门户网站和无线应用开发者等分别从流量、商家、消费者和第三方服务商方角度,探讨大数据如何推动营销的"实效"变革。

- 2014 年 4 月,工信部副部长杨学山、浙江省副省长毛光烈、杭州市副市长张耕共同为杭州市"中国软件名城"揭牌,国家工信部正式授予杭州市"中国软件名城"称号,杭州由此成为国家第八个获此殊荣的城市。

- 2014 年 4 月 15 日,杭州市云计算协会发布"全国云计算大数据创新项目暨杭州赛区十佳评选"活动启动报名的通知。本活动旨在引导行业创新、促进云计算及大数据产业的发展。

- 2014 年 5 月,中国气象局与阿里云达成战略合作。海量气象数据将通过阿里云计算平台变成实时分析应用的"活数据",气象服务进入大数据时代。中国气象局下属的台风网、天气网等公众服务网站,将率先迁移至阿里云计算平台。而阿里云还将促进气象数据与高德地图、菜鸟物流、阿里集团其他业务公司的合作。

- 2014 年 6 月,杭州正式成为信息惠民国家试点城市。按照要求,试点城市要建立统一的信息惠民公共服务平台,实现部门间的业务协同和信息共享,逐步实现公共服务事项和社会信息服务的全人群覆盖、全天候受理和"一站式"

办理。

- 2014 年 7 月,杭州市委、市政府通过了《关于加快发展信息经济的若干意见》。根据该意见,杭州将推进与北京大学的战略合作,共同建设大数据协同创新中心。

- 2014 年 11 月,在浙江乌镇举行的首届世界互联网大会上,动态人员流量大数据分析平台登台亮相。该平台可实时分析会场区域的人员及行为数据,发布参会客源国籍、终端类型、热点应用、内容关注度、会场嘉宾年龄性别比例、流量使用偏好及消费能力等数据,展示了移动大数据的综合分析能力。

- 2014 年 11 月 4 日至 6 日,由浙江省高校图工委期刊专业委员会主办、绍兴文理学院图书馆承办的浙江省"大数据与期刊研究工作新视野"学术研讨会在绍兴举行。来自全省 40 多所高校图书馆和公共图书馆的近 60 位代表参加了会议。

- 2014 年 12 月,浙江大华股份技术股份有限公司旗下智能家居新品牌——"乐橙"联手阿里云计算,共同打造智能家居互联网解决方案。同时,双方正式签署战略合作协议,将围绕云计算、大数据技术在视频监控行业的应用,全面展开合作。

- 2015 年 1 月 15 日,杭州发展研究会联合浙江大学清源学社组织召开了"大数据时代与智慧城市"主题研讨会。

- 2015 年 06 月 29 日,杭州滨江启幕 2015 产业互联网大会。2015 产业互联网大会由中国互联网协会、中国新闻社共同主办,中国新闻社浙江分社承办。作为活动重要组成部分,大会举办以"云计算、大数据将如何改变产业未来"为主题的云计算与大数据论坛。

- 2015 年 9 月 25 日,由杭州市科学技术协会和中共余杭区委、区政府主办,余杭区科学技术协会、杭州市计算机学会、中国计算机学会青年计算机科技论坛(YOCSEF)杭州论坛、中国计算机学会(CCF)杭州分部、浙江省商务大数据研究中心、浙江大学电子服务研究中心、杭州市电子商务重点实验室等单位共同承办的杭州市科协第八届学术年会开幕式暨商务大数据科学家论坛在余杭临平举行。

- 2015 年 10 月 23 日,浙江省电子商务大数据研究基地成立暨揭牌仪式在温州举行。

- 2015 年 11 月 8 日,萧山金融行业融入"互联网＋"行动计划和大数据战略,携手天天快递试水"金融＋物流＋电商"新商业模式,推出了"电商云仓贷",支持"大众创业、万众创新"。

- 2015 年 11 月 24 日,阿里巴巴集团与浙江省高级人民法院宣布达成战略合作,共同打造"智慧法院",推进"司法阳光化",遏制同案不同判。

• 2015 年 12 月 15 日,根据国家统计局批复同意,我国首个县域电子商务大数据应用统计试点将在浙江义乌市展开。

• 2015 年 12 月 28 日,由浙江大学、浙江工业大学、杭州电子科技大学、阿里云、芝麻信用、杭州联通、海康威视、银江股份、城云科技、泰一指尚十家单位共同发起的杭州大数据产业联盟宣布成立。

• 2016 年 1 月 18 日,全国首个特许经营的大数据云基地——宁波大数据云基地项目在慈溪完成签约。项目计划前 5 年总投资 20 亿元,在 3 年内建成一个国内领先的大数据云计算平台,促进云计算、大数据技术在政务、经济、民生等领域的广泛应用,形成以大数据云基地为基础设施和创新要素的产业发展新业态,探索出一条互联网基础设施建设和大数据创新的慈溪之路。

• 2016 年 2 月,浙江省政府常务会议审议并原则通过《浙江省促进大数据发展实施计划》。

• 2016 年 3 月 25 日,浙江省人民政府办公厅出具《浙江省人民政府办公厅关于设立浙江大数据交易中心有限公司的复函》(浙政办函〔2016〕18 号),批复同意浙报传媒设立大数据交易中心项目的实施主体浙江大数据交易中心有限公司,从事大数据资产交易及相关服务。

• 2016 年 4 月 1 日,浙江日报报业集团与桐乡市政府举行建立全面战略合作关系签约仪式。双方约定,由浙报集团旗下的浙报传媒牵头投资建设的浙江大数据交易中心,拟落户世界互联网大会永久会址桐乡乌镇。

• 2016 年 4 月 20 日,杭州市萧山区发布了《关于发展信息经济促进智慧应用三年行动计划(2016—2018 年)通知》。在通知中,萧山提出要抓住杭州建设大数据产业中心的机遇,力争到 2018 年成为杭州重要的工业应用、智慧物流、健康、信息安全、电子商务大数据开发应用中心。

• 2016 年 5 月 13 日,由浙江省电子商务促进中心举办的浙江省电子商务大数据专题研讨会在杭州举行。此次研讨会进一步推广了浙江省电子商务大数据公共服务平台,扩展了平台的服务对象。

• 2016 年 5 月 31 日,由中国互联网协会、浙江省经信委、萧山区政府主办,萧山经济技术开发区管委会、浙江省企业信息化促进会、萧山科技城管理局承办的首届中国(杭州)工业大数据产业发展高峰论坛在萧山举办。来自政产学研用五方的 500 多位代表参加了此次论坛。

• 2016 年 6 月 29 日,浙江大数据交易中心第一届会员大会于桐乡乌镇顺利召开,包括浙江电信、浙江移动、浙江联通、华数传媒、海康威视、绿城等重量级会员单位参加。会议通过了《浙江大数据交易中心交易规则》《浙江大数据交易中心资金结算制度》等一系列文件规章。

- 2016 年 7 月 27 日,滴滴出行发布了《智能出行大数据报告:杭州篇》。被誉为"互联网之都"的杭州,排在全国智能出行渗透率的第一位。
- 2016 年 9 月 22 日－23 日,由 CSDN 重磅打造的"SDCC 2016 大数据技术 & 架构实战峰会(杭州站)"在杭州举行。
- 2016 年 9 月 26 日,浙江省内唯一经省政府批准的大数据交易中心——浙江大数据交易中心在乌镇正式上线。
- 2016 年 9 月 27 日,杭州市软件行业协会在浙大科技园成功举办"2016 中国大数据技术峰会"。来自网新集团、数源科技、联众智慧、信雅达、每日互动、汇信科技、城云科技、明软科技、正呈科技等企业近百位技术总监、软件开发工程师及项目相关负责人参加了此次培训。
- 2016 年 11 月 3 日,"第二届中国(杭州)大数据科学家论坛"在杭州志成大酒店隆重举行。本届论坛以"大数据驱动的智慧城市"为主题,由中国计算机学会(CCF)指导,杭州市科学技术协会主办,CCF YOCSEF 杭州、杭州市计算机学会、杭州市移动互联网技术学会、杭州市中小企业服务中心、杭州市滨江区发展改革和经济局联合承办。
- 2016 年 11 月,在第三届世界互联网大会乌镇峰会举行期间,浙江大数据交易中心举行创新发布会,发布了首批 7 个产品,同时还第一次联合有关机构发布了大数据相关报告。
- 2016 年 12 月 14 日,浙江大学中国地方创新研究中心召开"大数据与国家治理"研讨会。
- 2017 年 2 月 27 日,台州市人民政府印发了《关于加快大数据产业发展的若干意见》,明确提出将大数据产业列入市战略性新兴产业予以培养。
- 2017 年 3 月 2 日,浙江省信息经济联合会、浙江省大数据应用产业技术联盟、浙江省工业和信息化研究院主办了"浙江省云计算大数据产业推进大会"。
- 2017 年 3 月 17 日,由舟山市经济和信息化委员会、国脉海洋信息发展有限公司主办的数据基因与大数据产业发展战略研讨会在舟山举行。
- 2017 年 6 月,桐乡市紧扣互联网平台建设主题,按照"政府扶持平台、平台服务企业、企业自主创新"的总体要求,出台了《关于加快乌镇大数据高新技术产业园区建设的实施意见》和《关于印发乌镇大数据高新技术产业园区管理办法的通知》两项意见。

A1.7 杭州市云计算与大数据协会简介

　　杭州市云计算与大数据协会成立于 2011 年 9 月 28 日，是在杭州市政府主管部门的支持与指导下，由在杭的云计算与大数据相关企业、科研院所、相关机构及团体，按照自愿原则组成的非营利性、地方性、专业性社会组织。

　　杭州市云计算与大数据协会共有会员单位 100 余家，其中理事长单位 1 家、副理事长单位 8 家、理事单位 8 家。

　　理事长单位：中国电信股份有限公司杭州分公司

　　副理事长单位：（排名不分先后）

　　　　　　　　阿里云计算有限公司

　　　　　　　　网易（杭州）网络有限公司

　　　　　　　　浙江鸿程计算机系统有限公司

　　　　　　　　浙江华通云数据科技有限公司

　　　　　　　　新华三技术有限公司

　　　　　　　　杭州泰一指尚科技有限公司

　　　　　　　　城云科技（中国）有限公司

　　　　　　　　杭州电子科技大学

　　理事单位：（排名不分先后）

　　　　　　　　杭州国家软件产业基地有限公司

　　　　　　　　杭州海康威视数字技术股份有限公司

　　　　　　　　杭州网银互联科技股份有限公司

　　　　　　　　北京世纪互联宽带数据中心有限公司杭州分公司

　　　　　　　　浙江万朋教育科技股份有限公司

　　　　　　　　杭州安恒信息技术有限公司

　　　　　　　　中浙信科技咨询有限公司

　　　　　　　　杭州顺网科技股份有限公司

　　联系电话：0571－87758272，18958021955

　　传　真：0571－87758273

　　协会官网：www.hzcca.org

　　协会官方微信号：hzsyjsxh

索　引

197